U0947154

南京社科学术文库

中国精准扶贫走向专业化

董淑芬 等◎著

中国社会科学出版社

图书在版编目（CIP）数据

中国精准扶贫走向专业化／董淑芬等著．—北京：中国社会科学出版社，2021.3

（南京社科学术文库）

ISBN 978-7-5203-7909-0

Ⅰ.①中… Ⅱ.①董… Ⅲ.①扶贫—研究—中国 Ⅳ.①F126

中国版本图书馆 CIP 数据核字(2021)第 027700 号

出 版 人 赵剑英
责任编辑 孙 萍
责任校对 郝阳洋
责任印制 王 超

出 版 中国社会科学出版社
社 址 北京鼓楼西大街甲 158 号
邮 编 100720
网 址 http://www.csspw.cn
发 行 部 010-84083685
门 市 部 010-84029450
经 销 新华书店及其他书店

印刷装订 三河弘翰印务有限公司
版 次 2021 年 3 月第 1 版
印 次 2021 年 3 月第 1 次印刷

开 本 710×1000 1/16
印 张 16
字 数 254 千字
定 价 89.00 元

总　序

2018年是改革开放40周年，也是我们全面贯彻党的十九大精神的开局之年和决胜全面建成小康社会、实施“十三五”规划承上启下的关键一年。这一年，南京市进入了创新名城建设的起步阶段，南京市社会科学事业也迎来了学术繁荣、形象腾跃的大好时节。值此风生水起之际，南京市社科联、社科院及时推出“南京社科学术文库”，力图团结全市社科系统的专家学者，推出一批有地域风格和实践价值的理论精品学术力作，打造在全国有特色影响的城市社会科学研究品牌。

为了加强社会科学学科高地建设、提升理论引导和文化传承创新的能力，我们组织编纂了“南京社科学术文库”。习近平新时代中国特色社会主义思想，是对中国特色社会主义理论体系的丰富和发展，是马克思主义中国化的最新理论成果，是我国哲学社会科学的根本遵循，直接促进了哲学社会科学学科体系、学术观点、科研方法的创新，为建设中国特色、中国风格、中国气派的哲学社会科学指明了方向和路径。本套丛书的重要使命即在于围绕实践中国梦，通过有地域经验特色的理论体系构建和地方实践创新的理论提升，推出一批具有价值引导力、文化凝聚力、精神推动力的社科成果，努力攀登新的学术高峰。

为了激发学术活力打造城市理论创新成果的集成品牌、推广社科强市的品牌形象，我们组织编纂了本套文库。作为已正式纳入《加快推进南京社科强市实施意见》资助出版高质量的社科著作计划的本套丛书，旨在围绕高水平全面建成小康社会、高质量推进“强富美高”新南京建设的目标，坚持马克思主义指导地位，坚持百花齐放、百家争鸣的方针，创建具有南京地域特色的社会科学创新体系。在建设与南京城市地位和定位相匹配的国内一流的社科强市进程中，推出一批具有社会影响力和文化贡献力的理论精品，建成在全国有一定影响的哲学社会科学学术品牌，由此实现由社科资源大市向社科发展强市的转变。

为了加强社科理论人才队伍建设、培养出一批有全国知名度的地方社科名家，我们组织编纂了本套文库。本套丛书的定位和选题是以南京市社科联、社科院的中青年专家学者为主体，团结全市社科战线的专家学者，遴选有创新意义的选题和底蕴丰厚的成果，力争多出版经得起实践检验、岁月沉淀的学术力作。借助城市协同创新的大平台、多学科交融出新的大舞台，出思想、出成果、出人才，让城市新一代学人的成果集成化、品牌化地脱颖而出，从而实现社科学术成果库和城市学术人才库建设的同构双赢。

盛世筑梦，社科人理应承担价值引领的使命。在南京社科界和中国社会科学出版社的共同努力下，我们期待“南京社科学术文库”成为体现理论创新魅力、彰显人文古都潜力、展现社科强市实力的标志性成果。

叶南客

2018 年 10 月

仅以此书献给民政部·李嘉诚“大爱之行”重点示范项目——“南京市级重点困难群体帮扶行动”全体项目组成员，纪念那段携手奋斗、奉献激情的岁月

目　　录

绪 论

新发展阶段中国精准扶贫的走向

一 新发展阶段中国精准扶贫的走向

2020 年是中国全面建成小康社会目标实现之年、脱贫攻坚收官之年，这意味着中国将彻底摆脱绝对贫困。进入新时代以来，中国脱贫攻坚取得了决定性成就。贫困人口从 2012 年底的 9899 万人减到 2019 年底的 551 万人，贫困发生率由 10.2% 降至 0.6%，连续 7 年每年减贫 1000 万人以上，区域性整体贫困基本得到解决。①

进入新时代，以习近平同志为核心的党中央提出和实施精准扶贫战略思想，践行以人民为中心的扶贫逻辑，制定好脱贫攻坚的“时间表”“任务包”“路线图”的基本蓝图，通过实现“四个转变”，实施“五个一批”，做到“六个精准”，落实“十大工程”，初步形成了精准扶贫的中国方案。其中“四个转变”是精准扶贫的工作模式转变，具体是指：一是创新扶贫开发路径，由“大水漫灌”向“精准滴灌”转变；二是创新扶贫资源使用方式，由多头分散向统筹集中转变；三是创新扶贫开发模式，由偏重“输血”向注重“造血”转变；四是创新扶贫考评体系，由侧重考核地区经济发展指标向主要考核脱贫成效转变。“五个一批”是精准扶贫分类施策的实现途径，具体是指：通过扶持生产和就业发展一批，通过易地搬迁安置一批，通过生态保护脱贫一批，通过教育扶贫脱贫一批，通过低保政策兜底一批。“六个精准”是精准扶贫具体工作思路的展开，具体是指：扶持对象精准、项目安排精准、资金使用精准、措施到户精准、因村派人精准、脱贫成效精准。“十大工

① 《习近平在决战决胜脱贫攻坚座谈会上的讲话》(2020 年 3 月 6 日)，《人民日报》2020 年 3 月 7 日第 2 版。

程”是实施精准扶贫的重要突破口，具体是指：干部驻村帮扶工程、职业教育培训工程、扶贫小额信贷工程、易地扶贫搬迁工程、电商扶贫工程、旅游扶贫工程、光伏扶贫工程、构树扶贫工程、贫困村创业致富带头人培训工程、扶贫龙头企业带动工程。[①]

精准扶贫的中国方案也即“中国式扶贫”，是习近平中国特色社会主义思想指导的产物，是中国特色社会主义道路的亮丽篇章，同时也为世界减贫事业提供了可借鉴的中国方案。中国的减贫成就获得了国际舆论的高度肯定，减贫经验为全球贫困治理提供有益借鉴。联合国前秘书长潘基文、现任秘书长古特雷斯在多个国际重要场合盛赞中国在消除贫困方面取得的令人瞩目的成就；联合国委派的极端贫困和人权问题特别报告员菲利普·奥尔斯顿2016年访华后接受采访时亦高度肯定中国在消除贫困方面取得的成绩；联合国发布的2015年《千年发展目标报告》显示，中国对全球减贫的贡献率超过70%；世界银行发布的《2016年贫困和共同繁荣》报告也指出，中国减贫的卓越成就推动了全球贫困人口的下降。[②] 2018年12月，第73届联合国大会通过《消除农村贫困，落实2030年可持续发展议程》决议，该决议明确写入习近平主席倡导的“精准扶贫”“合作共赢”“构建人类命运共同体”等理念，体现了中国智慧，为国际农村减贫事业提供了中国方案。[③]

在中国全面建成小康社会、实现第一个百年奋斗目标之后，中国即将开启全面建设社会主义现代化新征程、向第二个百年奋斗目标进军的新发展阶段。与国家发展相适应，中国的精准扶贫亦将进入一个新发展阶段。新发展阶段的精准扶贫，将从绝对贫困治理走向相对贫困治理，从收入贫困治理走向多维贫困治理，从农村贫困治理走向城乡一体化贫困治理。从整体发展方向来看，新发展阶段中国的精准扶贫将逐步走向“五化”，即常态化、专业化、社会化、制度化、智慧化。

一是常态化。精准扶贫的常态化，是指趋向正常的状态，它是相对

① 程冠军主编：《精准脱贫中国方案》，中央编译出版社2017年版，第62—75页。

② 崔华泰编著：《中国特色减贫之路　打好精准脱贫攻坚战》，中原农民出版社、红旗出版社2019年版，第225页。

③ 《第73届联合国大会通过关于消除农村贫困的决议》，2018年12月21日，人民网－国际频道，http：//world. people. com. cn/nl/2018/1221/C1002－30479817. html。

于集中式脱贫攻坚而言的，是相对于一段时间以来中国的“超常规”举措、“举全国之力”而言的。在全国打完这场脱贫攻坚战之后，中国的精准扶贫将走向正常的可持续发展状态。常态化精准扶贫，依赖于建立解决相对贫困的长效机制，要以完善民政兜底保障机制为基础，整合常态化助业、助学、助医资源，形成一整套的精准扶贫体系，才能更好地巩固脱贫成果、增强反贫困的可持续性。

二是专业化。精准扶贫的专业化，是指扶贫方式的专业性，扶贫要根据贫困地区和人民的实际情况进行。在中国脱贫攻坚战的进程中，作为以改善困难群体的基本生活和追求社会公正为目标的社会工作，一直将参与反贫困作为自己的基本职责。2017 年民政部、财政部和国务院扶贫办就出台了《关于支持社会工作专业力量参与脱贫攻坚的指导意见》（民发〔2017〕119 号），对社会工作参与脱贫攻坚做出了更加具体的安排，开拓了社会工作参与脱贫攻坚的服务领域。[①] 该《意见》指出，社会工作在为贫困群众提供心理疏导、精神关爱、关系调适、能力提升，帮助贫困群众转变思想观念、树立自我脱贫信心、拓宽致富路径、提升自我脱贫能力等方面可以发挥积极作用。这是对社会工作在脱贫攻坚和反贫困中地位和角色的积极认定，也为社会工作参与脱贫攻坚和反贫困进一步指明了方向。[②] 社会工作本身的特点为其介入精准扶贫提供了依据。社会工作是一门旨在“助人自助”的福利性专业，帮助贫困家庭解决所面临的问题是社会工作义不容辞的责任。从起源看，扶贫是社会工作的起点；从历史看，扶贫贯穿于社会工作发展全过程；从理念看，扶贫蕴含着社会工作的价值。[③] 贫困救助包括城乡最低生活保障、农村五保供养等领域，它是社会工作的主要服务领域。社会工作者凭借专业知识和科学的助人方法，能够为弱势群体提供优质服务，使受助者恢复和提升社会功能、克服困难、解决问题、满足需要和获得自我实现。[④] 社会工作专业化力量的参与是中国精准扶贫的重要特点之一，

① 王思斌：《社会工作之真善美》，北京大学出版社 2018 年版，第 436 页。

② 王思斌：《社会工作之真善美》，北京大学出版社 2018 年版，第 437 页。

③ 姚霞：《反贫困与社会工作的介入》，《社会工作》2009 年第 14 期。

④ 罗竖元：《专业社会工作介入贫困救助领域实践中的制约因素研究——以深圳、长沙、贵阳的社会工作试点地区为例》，《广西社会科学》2010 年第 2 期。

进入新发展阶段，要建立解决相对贫困的长效机制，着力实现造血型、能力发展型反贫困，专业化的力量必不可少，这对专业社会工作的深度介入提出了新的更高要求。

三是社会化。精准扶贫的社会化，是指政府主导下社会组织和各界人士等社会化力量的参与。社会参与的主体包括社会组织、学术研究机构、媒体、专业机构等。中国的精准扶贫，强调调动全社会扶贫的积极性，强调“充分发挥政府和社会两方面力量作用，强化政府责任，引导市场、社会协同发力，构建专项扶贫、行业扶贫、社会扶贫互为补充的大扶贫格局”①。前期中国的脱贫攻坚，社会组织已经成为其中的重要力量，据不完全统计，2018 年全国近 7000 家省级社会组织专门立项开展了脱贫攻坚活动，投入资金近 200 亿元，受益贫困人口约 1600 万。②新发展阶段的精准扶贫，社会化力量的参与将进入常态化。

四是制度化。精准扶贫的制度化，是指在精准扶贫过程中所形成的一整套制度体系。全面建成小康社会阶段的精准扶贫，初步形成了贫困户脱贫认定机制、贫困县退出机制、扶贫广泛参与机制、扶贫绩效评估与监督机制、脱贫工作责任制在内的层级化、系统化的工作机制③等一整套的制度机制。但是精准扶贫进入新发展阶段，从收入贫困治理走向多维贫困治理，从农村贫困治理走向城乡一体化贫困治理，其中的扶贫制度机制体系也将会发生一系列变革，既要在农村地区保留吸收原有的先进经验，又要经历城市体系的资源融合与体制创新，形成有中国特色的适应社会主义现代化要求的精准扶贫体系。

五是智慧化。精准扶贫的智慧化，是指扶贫手段和方法日益建立在信息化和大数据开发的基础上。伴随着中国由工业社会向信息化社会的转型，精准扶贫将日益走向信息化、精细化、智能化、智慧化，而智慧化是最终的发展方向和目标。如贫困对象的界定可以借助大数据，尤其是消费数据可以作为重要参考凭证。贫困对象的帮扶平台，可以体现为

---

① 《中共中央　国务院关于打赢脱贫攻坚战三年行动的指导意见》（2018 年 6 月 15 日），新华社北京 2018 年 8 月 19 日电。

② 新华社：《我国社会组织成脱贫攻坚重要力量》，《中国社会工作》2019 年第 6 期。

③ 程冠军主编：《精准脱贫中国方案》，中央编译出版社 2017 年版，第 171 页。

一定范围内贫困对象的线上综合服务平台，既可以有线上的资源对接，也可以有线下的精准服务，实现线上线下相结合的精准帮扶。

本书所要介绍给大家的“南京市级重点困难群体帮扶行动”社会工作实务项目，既是中国全面建成小康社会进程中精准扶贫工作的重要内容，也是新发展阶段进行相对贫困治理、多维贫困治理和城乡一体化贫困治理的初步探索。该项目充分体现了精准扶贫专业化和社会化的发展方向，是城乡一体化贫困治理的一次创新实践。下面概述项目的来源、服务对象及服务内容、取得的主要成效及创新点所在。

二　专业化精准扶贫的实践探索

（一）项目来源

大爱之行项目的全称是“大爱之行——全国贫困人群社工服务及能力建设项目”，是由民政部和李嘉诚基金会于2014年初联合实施的，旨在帮助贫困人群、培养专业社工人才、壮大社会工作机构。大爱之行项目在全国共有20个重点示范项目和90个小额创新项目，而“南京市级重点困难群体帮扶行动”项目是全国20个重点示范项目之一，也是江苏省唯一的重点示范项目。该项目是在南京市民政局的支持下，以南京市社会科学院社会发展研究所为主导，依托南京市社会学学会、南京市社会科学院—河海大学社会工作研究生培养基地进行申报并组织实施的。

（二）项目的服务对象及服务内容

该项目的主要服务对象是贫困家庭，是通过民政系统筛选出来的低保和低保边缘群体中亟须解决生活困难的72户贫困家庭（约占当年南京市低保和低保边缘总户数的1/1000）作为帮扶对象，他们散布在南京市11个区的39个街道、11个镇的72个社区。

该项目采用“以个案社会工作为基础的多元资源联动服务方式”。该服务模式具备以下四个方面的主要特征：第一，社工介入帮扶以个案社会工作方法为基础。鉴于服务对象分布较广不便集中的现实条件，社工服务采用个案社会工作方法。第二，实施帮扶以需求类别划分为根据。按照帮扶对象的主要需求类型将帮扶家庭分为心理疏导、医疗康复、残疾帮扶、贫困助学、就业及技能提升五个类别，分类型、有重点地开展服务。第三，以发挥专业社工和督导作用为依托。在项目服务的过程中，专业社工在重构贫困家庭生态系统，疏导帮扶对象心理障碍，协调帮扶家庭内外部关系等方面都发挥了较好作用；督导在贫困家庭帮扶中主要起到指导专业社工、协调多方关系及链接资源等作用。第四，实现帮扶效果以多元资源联合为保障。在明确帮扶对象需求的基础上，整合职能部门、民间组织、社会爱心企业和人士、志愿者、家庭自身等资源，实现助人自助的帮扶目的。

本项目执行时间从 2014 年 6 月到 2016 年 2 月，为期一年半多，服务的主要内容分以下三个阶段进行。

第一阶段——项目准备与全面铺开阶段（从 2014 年 6 月到 2014 年 11 月底）：初步的心理疏导，确定帮扶重点。通过与帮扶对象建立服务关系，充分了解和把握其个人及家庭状况信息，为每一位帮扶对象建立帮扶对象档案。通过掌握的信息，为帮扶对象所在家庭企划帮扶方案，协同社区及社会组织等共同开展初步帮扶工作。

第二阶段——需求分类及资源链接阶段（从 2014 年 12 月到 2015 年 6 月）：实施分类别帮扶，进行多元化资源链接。在前期帮扶方案的基础上，与相关政府职能部门、社会组织、志愿者等进行资源链接，通过多方合作，引入医疗帮扶、开展技能培训、加强心理辅导等，努力改善帮扶家庭的生活现状。

第三阶段——深入帮扶与服务效果巩固阶段（从 2015 年 6 月到 2016 年 2 月）：深化帮扶成效，探索贫困家庭社会工作服务指南。通过前期的资源链接帮扶，取得了初步的帮扶成效，总结介入行动，形成社会工作介入贫困家庭的服务指南。

（三）项目所取得的主要成效

项目所取得的主要成效，一是提升了贫困家庭的自我发展能力。心理疏导方面，在一定程度上缓解了帮扶对象的心理困境，84.5% 的帮扶对象认为自己的精神状态比以前好。助学方面，借助爱心企业家和民间社会组织实现了 14 户家庭、16 个孩子的全面助学等。测评结果显示，帮扶对象对项目服务的满意度超过 96%。

二是带动了机构和团队的成长。项目办相继组织相关领域专家为项目团队先后开展了 6 场专题培训，破解入户实践中需要的社工技巧和问题障碍，使得参与项目的社工和督导的理论和实务水平都有了一定程度的提高。

三是取得了一定的社会反响。《新华日报》《南京日报》《扬子晚报》以及南京电视台等多家新闻媒体对该项目持续关注，已有9篇以上的跟进报道。项目办撰写了《南京市级重点困难群体生活现状调查报告》和《南京市级重点困难群体帮扶行动的做法和启示》发表在《民意专报》和《资政专报》上，以期引起领导的重视。以GC—ZL典型个案为基础，拍摄了《大爱之行》微电影，获得了南京市委宣传部二等奖，进一步扩大了项目的社会影响。

四是产生了一定的政策影响。项目督导团队在服务实践基础上形成了《贫困家庭社会工作服务指南》（草案），对精准扶贫进行专业化引导，将进一步促进项目在政策层面上的影响。

（四）项目的主要创新点

项目的主要创新点突出体现在以下三方面。

（1）该项目引入专业社工和督导的力量参与贫困帮扶，是社会工作介入“社会救助”的一次有效创新。在项目实施过程中，充分发挥专业社工和督导的双重作用。社工介入帮扶对象是以个案社会工作方法为基础，通过问卷调查和入户探访深入了解贫困家庭的帮扶需求，在督导的协助下制订明确的家庭帮扶重点和介入方案，并将自己和督导链接到的社会资源与贫困家庭需求进行有效对接。通过专业力量开发和增强帮扶对象的潜能和信心，实现助人自助。

（2）该项目明确每个贫困家庭的帮扶类型和帮扶重点，是“精准扶贫”的一次全面尝试。在明确贫困家庭需求后，项目因需制宜，把握重点，分类帮扶。按照帮扶对象的主要需求类型将帮扶家庭分为五个类别。每个家庭确定一个重点帮扶类型，其他帮扶类型作为辅助。针对五大类型家庭的不同特点开展不同的资源链接活动。

（3）本项目整合体制内与体制外资源共同参与贫困帮扶，是多元力量参与“社会治理”的一次成功实践。项目坚持多元资源联动的服务方式，整合多方资源助力贫困家庭的成长。一是与贫困群体密切相关的各政府职能部门及群团组织建立联系，包括妇联、残联、市总工会职工援助服务中心、人社、市慈善总会等，在职能部门的职责范围内解决帮扶对象的一些具体问题。二是与民间社会组织、志愿服务及爱心人士建立联系，与他们合作为帮扶对象提供多样化可持续的帮助。

三　本书的研究内容及研究特点

本书共分十三章，其中第一章至第五章和第十一章主要围绕项目的服务对象、资源梳理、管理经验、服务主体、服务模式和服务成效等项目服务的方法和内容展开深入分析；第六章至第十章则主要围绕分类型帮扶，从助医、助学、助技助业、助残和助心理五大类型展开帮扶资源及典型案例剖析；最后两章，一是提出《贫困家庭社会工作服务指南》（草案）供大家参考借鉴，二是对项目的总结与反思。

本书研究的主要特点，一是现有的研究建立在项目（民政部·李嘉诚大爱之行项目）实践探索基础上，是对实践经验的总结；二是项目探索的专业化精准扶贫方式，在一定程度上代表了中国精准扶贫的未来发展方向，有一定的引领示范性；三是项目梳理了精准扶贫的体制内外资源，提出了《贫困家庭社会工作服务指南》（草案），可为中国后续的专业化精准扶贫提供经验借鉴。

第一章

服务对象

我国贫困家庭通常指的是享受低保或者低保边缘待遇的家庭。这些贫困家庭的致贫原因大都是患病、残疾、失业等。由于贫困家庭在生活中常常会面临着物质相对匮乏、患重大疾病、无业失业、技能缺乏等实际困难，因此，如何帮助他们摆脱困境已成为各级政府和全社会关注和关心的问题。民政部统计数据显示，截至 2019 年底，全国共有城市低保对象 524.9 万户、860.9 万人；有农村低保对象 1892.3 万户、3455.4 万人。[①]

第一节　贫困家庭的界定及其数量

"贫困"涉及社会学、文化学和经济学等多个领域，目前在学术界没有公认的概念。一般认为，狭义上，贫困仅指物质匮乏，而广义上，贫困既包含物质匮乏又包括公民权利和能力缺乏。部分学者尝试给出关于贫困的进一步解释，如关信平认为，贫困是在特定社会背景下，部分社会成员因缺少必要资源而在某种程度上被剥夺获得生活资料及参与社会、经济活动的权利，并且使得他们的生活持续性低于该社会常态生活标准。[②] 王明朝等人认为，贫困与人类发展相伴而生，是一种经济、社会现象，包括绝对贫困和相对贫困两类。绝对贫困是连最基本的生存需

---

① 数据来源：《2019 年民政事业发展统计公报》，2020 年 9 月 8 日，中华人民共和国民政部网站，http://www.mca.gov.cn/article/sj/tjgb/。

② 关信平：《中国城市贫困问题研究》，湖南人民出版社 1999 年版，第 88 页。

要都无法满足，而相对贫困则是一种比较意义上的贫困，一方面指因贫困线提高而产生的贫困，另一方面指收入差距拉大而产生的贫困。经济发展初期，绝对贫困问题突出，而经济高度发展阶段，相对贫困问题日益凸显。[①] 中国全面建成小康社会阶段的脱贫攻坚战，是以解决农村绝对贫困为主导的，而进入新发展阶段的精准扶贫，则是以解决城乡相对贫困为主导的。

本书中的贫困家庭，具体是指家庭人均收入低于当地最低生活标准，享受低保，或家庭成员月平均收入在当地最低生活标准2倍之内，且满足以下6类情况（大病患者，持证残疾人，父母一方死亡的未成年子女，独居70岁以上老人，幼儿园学童、全日制在读学生，遭受突发性灾害或变故的）之一，享受低保边缘户的家庭。[②] 即贫困家庭主要指的是享受低保或者低保边缘待遇的家庭。截至2015年11月，南京市共有城乡低保户6.4万户（其中城市低保户30261户，农村低保户33906户）、9.9万人（其中城市低保人口47256人，农村低保户51716人）；截至2015年8月，南京市共有城乡低保边缘人口9939户、23409人。[③] 即南京市城乡贫困家庭共计约7.4万户，这些贫困家庭面临着物质相对匮乏、患重大疾病、无业失业、技能缺乏、子女负担重、生活失去信心、缺少社会支持等现实困难。

“南京市级重点困难群体帮扶行动”项目的主要服务对象就是城乡贫困家庭，它以民政系统筛选[④]出来的低保、低保边缘群体中亟须解决生活困难的72个贫困人员及其所在的家庭（其中低保家庭59户，低保边缘家庭13户）作为帮扶对象，约占当时南京市贫困家庭7.4万户的千分之一。这72户贫困家庭散布在全市11个区的39个街道、11个镇

① 魏后凯、邬晓霞：《中国反贫困政策：评价与展望》，《上海行政学院学报》2009年第3期。

② 《关于进一步加深低保边缘家庭认定与管理工作的通知》，南京市民政局网站，http：//mzj. nanjing. gov. cn/.

③ 数据来源：2016年1月20日，南京民政网，http：//www. njmz. gov. cn/.

④ 对于项目方来讲，本次专业化服务属于“来料加工”，帮扶对象来自民政系统筛选，72户贫困家庭并不是由项目方筛选出更适合专业社工介入的家庭，而是民政系统指定的服务对象。

的72个社区，大致体现了南京市贫困家庭的分布现状，远郊区的六合区、高淳区帮扶对象相对较多，主城区的秦淮区、鼓楼区帮扶对象相对较多。与民政部·李嘉诚基金会“大爱之行——全国贫困人群社工服务及能力建设项目”中的同类重点示范项目相比，本项目辐射范围广（涉及南京市11个区）、牵动部门多（社科院、民政、高校、卫生等）、攻坚难度大（旨在探索社会工作介入贫困家庭的帮扶模式）。

第二节　帮扶对象的生存现状及需求评估

为进一步深入了解南京市市级重点困难家庭的生活现状和受助情况，探索专业社工介入社会救助体系的可行性，“南京市级重点困难群体帮扶行动”项目组在民政系统协助下开展了入户问卷调查。每户由民政筛选的贫困人员填答问卷，问卷内容包括帮扶对象基本信息、家庭状况（健康、工作、经济状况等）和心理学量表三部分内容，共发放76份问卷，回收72份有效问卷，问卷有效回收率为94.7%（问卷调查内容详见附1－1）。实施本次问卷调查的主要目的在于，一是通过问卷调查获得关于帮扶家庭的详细资料与信息，为了解问题、开展工作、提供切实的帮扶方案提供依据；二是便于项目组掌握个案及整体状况，可以在推进项目实施、整合社会资源方面有的放矢；三是旨在推动项目的规范化运作，为后期进一步评估打好基础。

南京市级重点困难群体即这72个贫困人员及其所在家庭的生存现状及服务需求的问卷调查结果显示，他们的生活生存现状呈现以下几个主要特点。

一　帮扶对象的基本情况

从性别看，男性43人，女性29人（1人未作答），有效百分比分别为60.6%和39.4%。

从年龄看，帮扶对象以中年群体为主，平均年龄49岁，最长者82岁，最小者17岁。其中17岁及以下仅有1人，占比1.4%；18—40岁的青年有8人，占比11.1%；41—65岁的中年人居多，占比73.6%；

66 岁及以上的老人有 10 人，占比 13.9%。

从文化程度看，帮扶对象的文化水平普遍较低，其中小学及以下文化水平的 31 人，占比 43.1%；初中文化水平的有 15 人，占比 20.8%；高中或中专文化水平的有 20 人，占比 27.8%；大专及以上文化水平的仅 6 人，占比 8.3%（见图 1－1）。

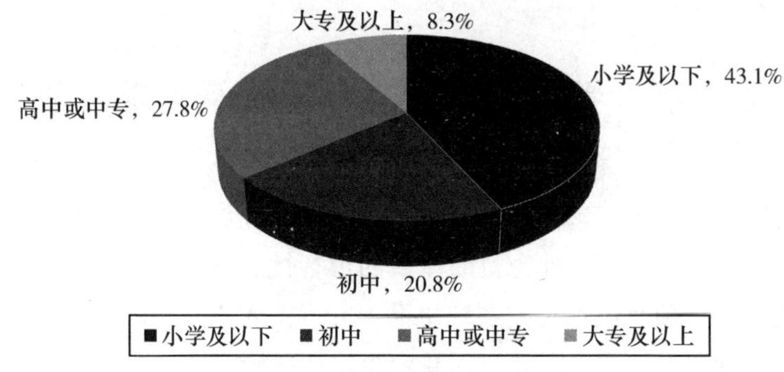

图 1－1　帮扶对象的文化程度

从婚姻状况看，帮扶对象中已婚有偶的 47 人，占 65.3%；有 7 人未婚，占 9.7%；10 人离异，占 13.9%；8 人丧偶，占 11.1%（见图 1－2）。

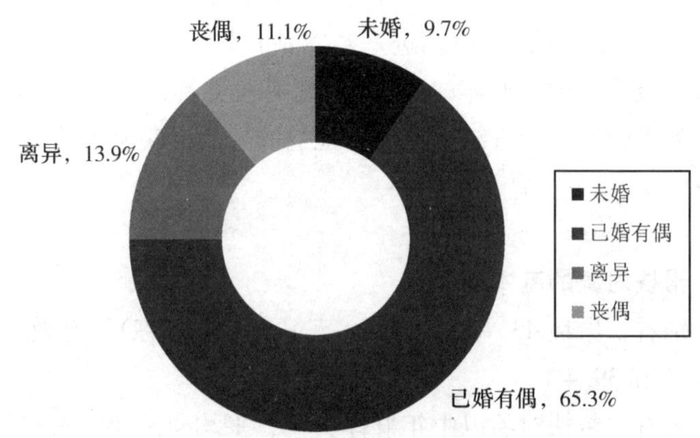

图 1－2　帮扶对象的婚姻状况

从健康状况看，近七成的帮扶对象健康状况不良，其中仅有 24 人身体健康，占比 33. 3%；11 人体弱多病，占比 15. 3%；21 人长期患病，占比 29. 2%；16 人患重大疾病，占比 22. 2%。即有接近七成的被调查者身患疾病（见图 1－3）。

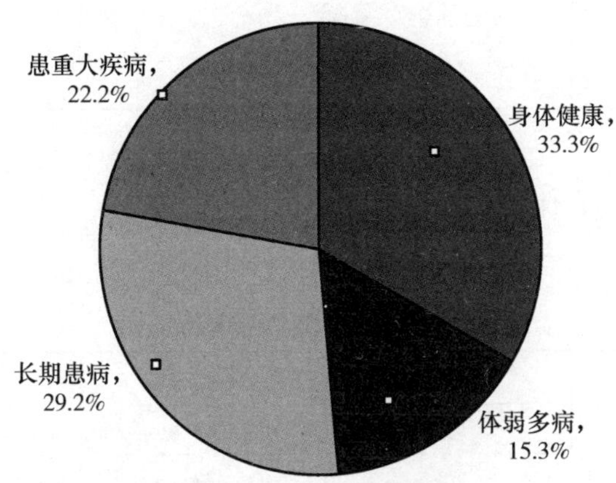

图 1－3　帮扶对象的身体健康状况

从家庭构成看，核心家庭最多，有 40 户，占比 55. 6%；单亲家庭有 17 户，占比 23. 6%；联合家庭有 8 户，占比 11. 1%；隔代家庭有 7 户，占比 9. 7%。家庭的主要收入来源有工资收入、低保等救济、退休金等，其中工资收入占比 40. 3%，低保等救济占比 34. 7%。帮扶家庭的基本情况如表 1－1 所示。

表 1－1　帮扶家庭基本特征　（单位：户，%）

变量	指标	户数	百分比
家庭结构类型	核心家庭	40	55. 6
	单亲家庭	17	23. 6
	联合家庭	8	11. 1
	隔代家庭	7	9. 7

续表

变量	指标	户数	百分比
家庭生活来源	工资收入	29	40.3
	低保等救济	25	34.7
	退休金	7	9.7
	其他	5	6.9

帮扶对象的具体情况如表1－2所示。

表1－2　　帮扶对象基本信息　　（单位：人,%）

调查指标	选择项	回答人数	有效百分比
性别	男	43	60.6
	女	28	39.4
年龄	17岁及以下	1	1.4
	18—40岁	8	11.1
	41—65岁	53	73.6
	66岁及以上	10	13.9
文化程度	小学	31	43.1
	初中	15	20.8
	高中或中专	20	27.8
	大专及以上	6	8.3
婚姻状况	未婚	7	9.7
	已婚有偶	47	65.3
	离异	10	13.9
	丧偶	8	11.1
健康状况	身体健康	24	33.3
	体弱多病	11	15.3
	长期患病	21	29.2
	患重大疾病	16	22.2

二　帮扶对象的工作及经济情况

（一）工资和社会救济金是帮扶家庭的主要收入来源，超八成被访者月收入低于2000元

在72个被调查者中，仅有18人有工作，占1/4；而54人没有工作，占帮扶对象的3/4（见图1-4）。在有工作的18人中，女性8人，男性10人。有工作的主要是中年群体，其中41—65岁的有15人，占比83.3%。59户帮扶家庭享受低保，占比81.9%，其他13户属于低保边缘户。

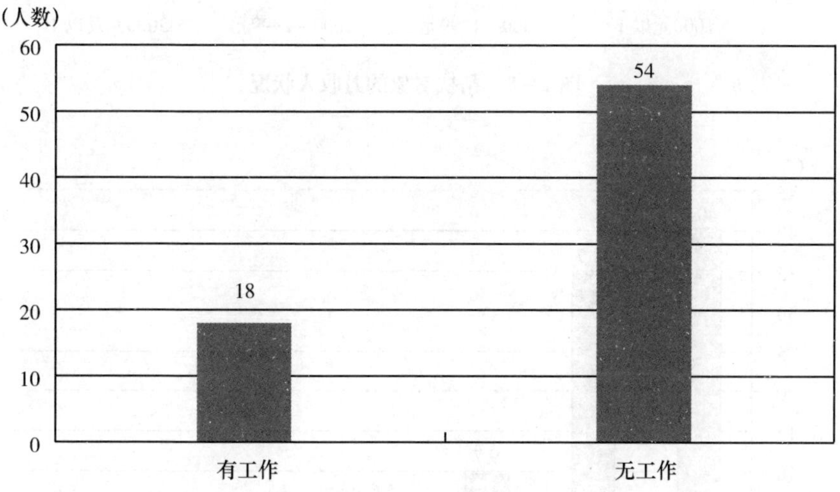

图1-4　帮扶对象的工作状况

帮扶对象的整体收入偏低，超八成被访者的月收入低于2000元。在有工作的18人中，月收入1000元以下有5人，占比27.8%；月收入在1000—1999元的有8人，占比44.4%；月收入在2000—2999元的有3人，占比16.7%；月收入在3000元及以上的有2人，占比11.1%（见图1-5）。

工资和社会救济金是帮扶家庭的主要收入来源，分别占比40.3%和34.7%，其次还有退休金、亲人资助等收入来源（见图1-6）。

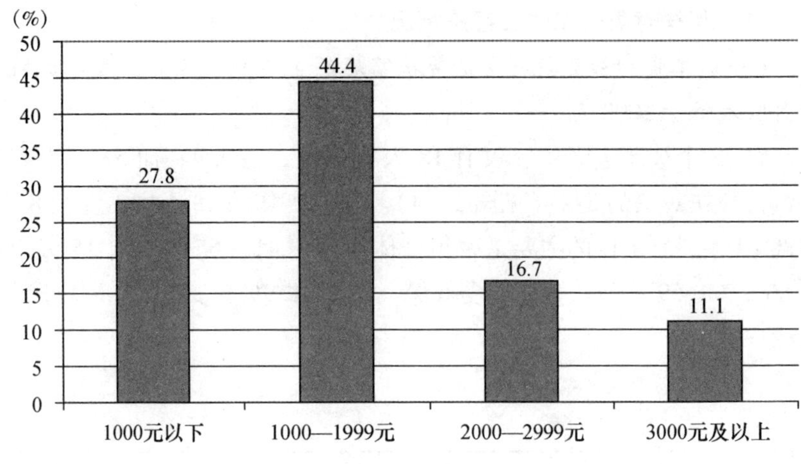

图 1－5　帮扶对象的月收入状况

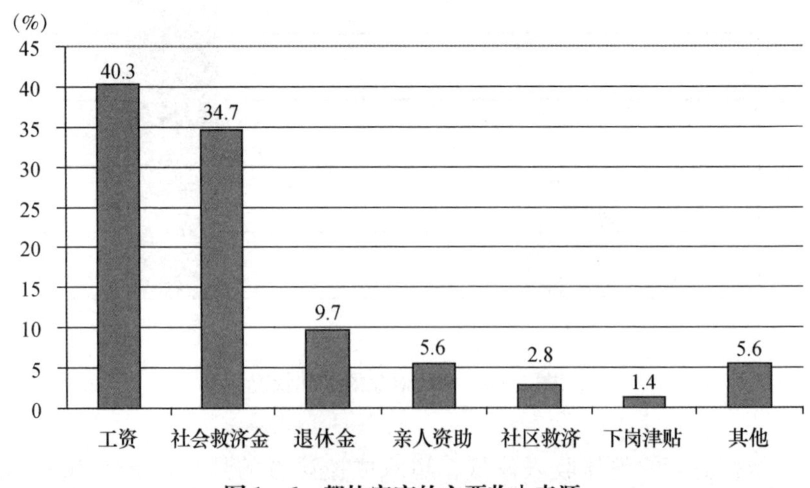

图 1－6　帮扶家庭的主要收入来源

（二）医药费和教育开销成为帮扶家庭的主要经济负担，超过半数家庭尚有外债

帮扶家庭的主要经济负担，排在前三位的分别是医药费、教育开销和生活费。其中 49 人选择了医药费，占比 68.1%，排在经济负担的首位。目前家中有重病、残疾及无法支付医疗费用的有 30 人。患病是影

响帮扶家庭生活的重要因素，在72个被调查者中，有六成多因为患病不能工作，而支付医疗费也是家庭的主要经济负担和目前面临的最大困难。接下来有32人选择了教育开销，占比44.4%，子女上学的学费也是贫困家庭的重要开支。还有29人选择了生活费，占比40.3%（见图1-7）。另外，过半数家庭尚有外债。被调查者38人回答家庭有债务，债务的额度在2万元到20万元不等，其中债务额在4万元以下的占25%，债务额在4万元到6.5万元的占25%，6.5万元到10.5万元的占25%。

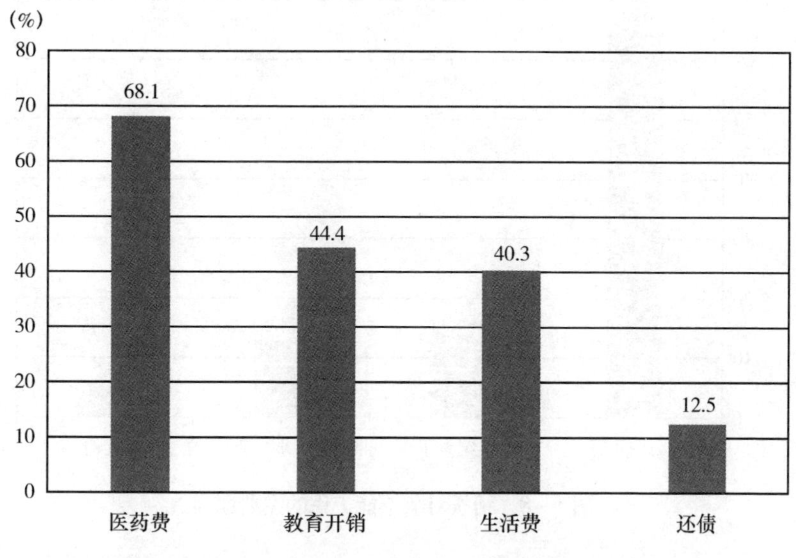

图1-7 帮扶家庭的主要经济负担

（三）生病、子女上学和无劳动能力是帮扶家庭致贫主因

首先，患病是导致家庭贫困的主要原因。72个被调查者中因病不能正常工作乃至于完全失去工作能力的帮扶对象共有48人，占被调查者总数的66.7%。在问及致贫原因时，56人回答直接导致贫困的原因是罹患疾病。

其次，子女就学加重了家庭的贫困程度。从72户帮扶家庭的整体经济负担来看，子女上学带来的经济负担仅次于医药费负担排到了第二位，有32户属于该种情况。在直接询问致贫原因的问题中，有8人回答供子女上学致使家庭贫困。

再次，劳动能力缺失削弱了家庭的脱贫能力。在54名没有工作的被调查者中，9人因年纪较大不能工作，占比16.7%；35人因身体患病而不能工作，占比64.8%；7人因需要照顾（老、弱、病、残）家属而不能工作，占比13.0%；3人因其他原因没有工作，占比5.5%（见图1-8）。

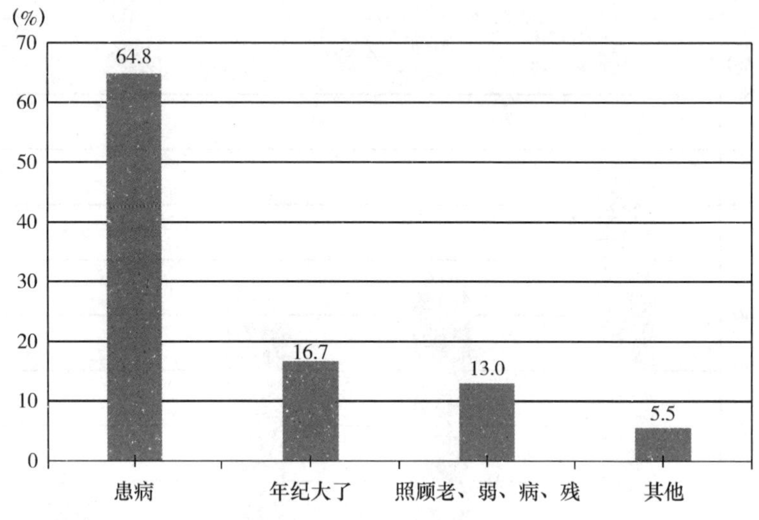

图1-8　帮扶对象不能工作的主要原因

三　帮扶对象的生活状况

（一）约八成帮扶对象勉强维持生活，对未来生活较为担忧

从对目前生活的满意程度来看，约八成帮扶对象对目前的生活现状不满意。72个被调查者中，21人认为现在的生活很艰难，占比29.2%；36人认为勉强维持生活，占比50.0%；14人认为生活还可以，占比19.4%；只有1人对目前的生活比较满意，占比1.4%（见图1-9）。

超过八成的被调查者对今后的生活表示担忧。其中，29人对今后的生活非常担忧，占比40.3%；32人对今后的生活有些担忧，占比44.4%；8人对今后的生活不怎么担忧，占比11.1%；3人对今后的生活不担忧，占比4.2%（见图1-10）。

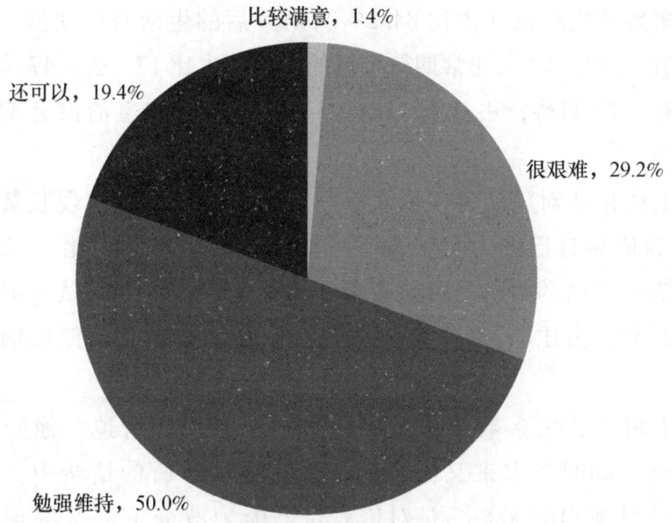

图1-9 帮扶对象现在的生活状况

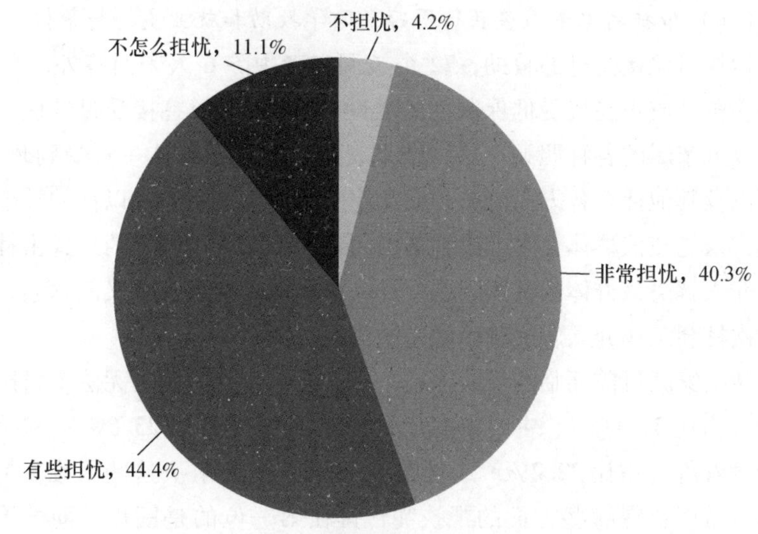

图1-10 帮扶对象对今后生活的担忧程度

（二）绝大多数帮扶对象对未来有所期待，但认为仅依靠自己的力量难以脱贫

大多数帮扶对象（占比84.2%）对今后的生活有所期待。在填答问卷的70人中，12人非常期待今后的生活，占比17.1%；47人对今后的生活有一些期待，占比67.1%；11人对今后的生活没有期待，占比15.8%。

约七成帮扶对象认为仅依靠家庭自己的力量难以实现脱贫。其中49人认为依靠自己的力量根本不可能或很难脱贫，占比70.0%；16人认为依靠自己的力量有可能脱贫，占比22.9%；5人认为努力的话能做到脱贫，占比7.1%。在调查过程中被调查者表示他们期望获得帮助。

综上可见，大多数帮扶对象的生活现状比较窘迫，他们对未来表示担忧，同时对未来又饱含期待。在这种矛盾的情绪中，他们所感到的是对现实的无奈，是对依靠自己能力改变家庭贫困现状的强烈无力感。他们期待获得帮助，期待通过外界的帮扶改变家庭的贫困现状。

（三）帮扶对象最希望获得医疗、助学救助和就业支持与帮扶

帮扶对象接受过的救助，72个被调查者中除6人未回答外，有59人回答曾经或正在接受低保制度的救助，有20人回答接受过社区、政府以及近亲属的各种照顾。这一结果表明，该贫困群体一直受到政府、民政以及其他社会各方面的关心或关注。另外也表明通过以往的社会救助模式未能使该群体根本上改善贫困问题，此次通过项目的形式由社会工作介入解决该群体的贫困问题，是一次非常具有现实意义的探索，也是一次社会工作介入解决贫困问题的实践。

帮扶家庭目前面临的最大困难，排在前三位的分别是无法支付医疗费用（占比36.1%）、主要家庭成员没有工作（占比23.6%）和孩子学费没着落（占比22.2%）（见图1－11）。而要解决这些困难，帮扶家庭最希望获得哪些方面的帮扶呢？排在第一位的是医疗、助学等救助，占比58.3%；排在第二位的是物资资助，占比48.6%；排在第三位的是就业支持，占比25.0%（见图1－12）。

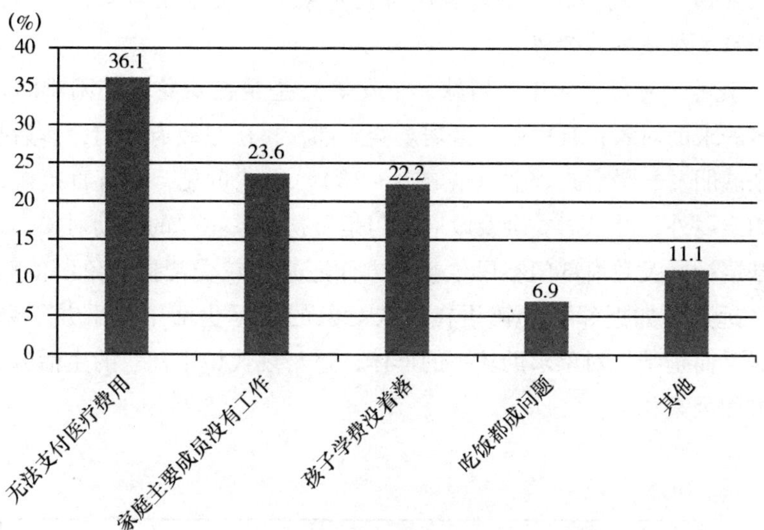

图1-11　帮扶家庭目前面临的最大困难

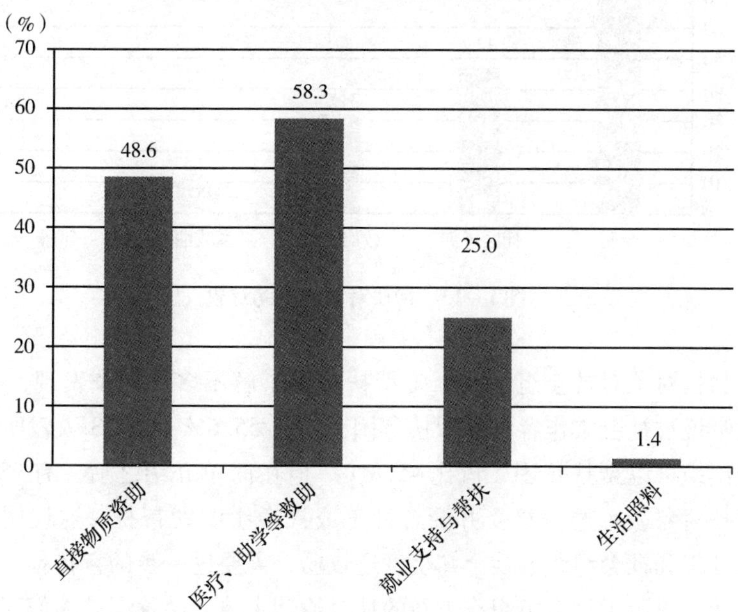

图1-12　帮扶家庭最希望获得的救助与帮扶

（四）亲属和社区居委会是帮扶对象的主要求助对象，对社会组织或社工帮扶不甚了解

亲属（父母、兄弟、姐妹、子女等）是帮扶对象遇到困难时选择最多的求助对象，其次是社区居委会干部，再次是政府部门，然后是其他亲戚朋友，最后是邻居（见图1－13）。由此可见，除有直接血缘关系的亲属外，社区居委会及政府部门是帮扶对象主要的求助对象，这说明基层社区及政府部门在民生救助方面还是比较受帮扶对象所信赖的。而“远亲不如近邻”的谚语在帮扶对象的实际生活中似乎并不吻合，邻居反而是帮扶对象求助较少的群体，这与现代城市社区的生活方式等多方面因素相关。

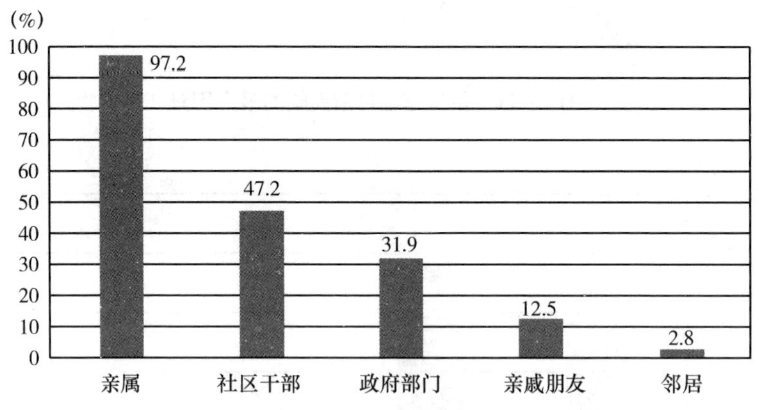

图1－13　帮扶对象的求助对象

帮扶对象对社会组织或社工帮扶贫困了解不多。调查发现，有40人没听说过社会工作者可以帮扶贫困，占比55.6%；有33人没听说过社会组织可以帮扶贫困，占比45.8%。但在简单介绍之后，有98.6%的帮扶对象表示愿意接受并配合社工或社会组织的帮扶。这说明一方面，社工和社会组织的社会知晓度还较弱，需要进一步的宣传推广；另一方面，显示了社会组织作为新的社会治理主体，会逐渐被人们所熟悉和接受，在建设美好和谐社会方面有较大的发展空间。

四　帮扶对象的精神状态

（一）帮扶对象的贫困程度影响其精神状态

通过对帮扶对象进行心理学相关量表（附件中问卷调查的第四大题）的因子分析结果显示，积极求助 α = 0.61，积极的生活态度 α = 0.83，悲观绝望的态度 α = 0.79，精神压力 α = 0.76，具体指标如表1－3所示。通过对帮扶对象进行心理量表的测试，能够非常明显地区分出这一群体中存在"生活态度积极"和"生活态度消极"两种不同心理状态，而这两种不同心理状态也致使帮扶对象对现实压力的感知完全不同。贫困程度越严重感觉生活压力越大，对未来的期待程度越低。经过更加详细的相关分析得出如下结果："生活态度积极"的人比"生活态度消极"抗压能力更强，更能够积极地向社会求助，努力改变现状。其中女性因生活困难问题而感受到的精神压力强度远远高于男性。

表1－3　帮扶对象的心理测量指标

积极求助（3项）	α = 0.61
C8 您有经济困难的时候会向社区（居委会）、民政部门、政府部门等反映情况并寻求帮助吗？	
C9 您与本社区（或村落）里的居民（邻里）接触多吗？	
C10 您平时与社区居委会（或村委会）干部接触多吗？	
积极的生活态度（7项）	α = 0.83
D1 您对现在的生活感觉很满意	
D3 您认为无论生活多么艰难都应该乐观	
D11 您认为有困难积极想办法都是可以解决的	
D12 您相信，通过努力几年后生活会变得更好	
D15 您对今后的生活有目标、有指望	
D16 您一直在尝试用各种办法改变现状	
D18 您认为无论怎样都该尽力去做些事情，好好生活	
悲观绝望的态度（8项）	α = 0.79
D2 您经常感觉到孤独和寂寞	
D4 您觉得活一天算一天，其他的事不用关心	
D5 您认为生活太艰难了没有指望	
D6 您认为政府和社会根本不关心您的事	

续表

悲观绝望的态度（8 项） α = 0.79
D8 您感觉亲戚朋友或周围的人都很冷漠
D9 您觉得自己根本没有办法改变现在的生活状况
D13 您对任何事情都感觉无能为力、只能听天由命
D14 您认为从来没有人愿意帮助自己
精神压力（5 项） α = 0.76
D7 您觉得活着没有什么开心的事，都是忧愁和困苦
D10 您总担心今后的生活怎么办
D17 您总担心自己或家人的身体健康状况
D19 您会常常因为生活上的困难感到精神压力很大
D20 您总是感觉无论生活上还是精神上都没有依托

表 1－4　　精神状态与脱贫能力等多因子相关分析

	2	3	4	5	6	7	8	9	10	11
1. 积极情绪	−.69***	−.39**	.34**	.36**	.41**	.58***	—	.50***	.46***	.36**
2. 消极情绪		.64***	−.40**	−.44***	−.40**	−.40**	—	−.45***	−.46***	−.32**
3. 精神压力			−.48***	−.55***	−.43***	−.27*	−.24*	−.26*	—	—
4. 生活满意度				.51***	.25*	.30*	—	—	—	—
5. 担忧程度					−.42***	—	.25*	—	—	—
6. 脱贫能力						.35**	.26*	−.43**	—	—
7. 期待脱贫的程度							—	.42***	.38**	—
8. 期望获得帮助								—	.24*	—
9. 困难程度									−.27*	—
10. 居民、邻里互动										.47***
11. 社区干部来往频率										—

注：***、**、* 分别表示 0.1%，1%，5% 的显著水平。

（二）帮扶对象的人际交往呈现封闭化状态

分析结果表明，困难程度越严重的帮扶对象与邻里交往的频率越低。同时表现为越是“生活态度消极”的帮扶对象越不愿意与社区工作人员接触。帮扶对象自身对困难的认知水平影响着他们的脱贫欲望，越是认为自身处于困境，越减少与其他居民、邻里间的互动，反映出具有较强的自尊，具体数据如表1－4所示。这样的结果说明，因为贫困而导致该群体自主“边缘化”现象出现。而贫困群体的人际交往封闭化不利于该群体获得较多的社会资源支持，甚至社会关系网络缺失会使该群体加重物质匮乏程度，也会使其精神方面的匮乏问题凸显。通过以上分析，我们认为帮助贫困家庭不能忽视对该群体的心理关爱与支持，协助帮扶对象建立起对贫困、对接受帮助的客观认识非常重要。社会工作“助人自助”的帮扶理念也认为通过使帮扶对象自身坚强起来达到帮扶目的是至关重要的。

第三节 需求评估对专业社工介入的启发

通过帮扶对象的需求评估报告，对大爱之行项目专业社会工作介入的若干启发如下。

1. 探索现阶段社会工作介入解决贫困问题的有效模式

通过问卷调查，明确了该项目所涉及困难群体的致贫原因，并对每一户帮扶对象的家庭情况有了详细的了解。针对因病致贫问题，贫困群体享受了目前阶段可能享受的社会福利救济后，仍然处于贫困线下。社会工作介入解决这一贫困问题，不能单纯依靠提供可能的直接服务，需要推动和协调政府、医疗、卫生部门、社区、当地企业等多方资源的链接。在建立社会工作的服务模式和政策建议方面提供有效的示范和依据。

2. 在对帮扶对象问题有效评估的基础上提供分类别服务

在72户被帮扶的家庭中，结合问卷调查和几次入户服务后，可以对帮扶对象的问题进行客观评估。在目前所获得材料的基础上，大体可以把服务内容分为医疗帮扶、学业救助、残疾帮扶、就业及技能提升帮扶和心理帮扶五大类社会工作介入的方向。以个案服务为主要介入方式，照顾到个案特殊性的同时可以协调和整合资源，构建社会工作解决贫困问题的帮扶体系。

3. 重视对贫困群体的心理疏导与精神支持

调查结果显示，贫困问题对该群体的精神方面产生较为严重的影响。直接结果表现为，该群体的自主“边缘化”。间接的影响表现为由于贫困群体在人际交往上表现的“封闭化”，不与周围的邻里或社区工作人员交往，不利于他们获得社会支持与帮助，同时这样的“封闭化”可能会致使贫困群体在精神层面的活力匮乏。心理疏导虽然不能直接使得帮扶对象现实的困难得以解决，但是可以帮助帮扶对象调整心态、缓解其无助或忧愁等消极情绪、引导使其以积极的态度面对目前的困难和难题。社会工作旨在“助人自助”，在积极的心态下，案主更容易配合社会工作者以及其他外力的帮扶工作以达到帮扶效果和帮扶目标。

第四节　专业社工介入贫困家庭的理论依据

专业社会工作者对于贫困家庭的介入所依据的相关理论，可以列举很多，但是关联最密切的理论主要有以下四个。

一　社会生态系统理论

社会生态系统理论从微观、中观、宏观三大系统架构界定的社会工作实务活动，其中微观系统，指个人系统，包括影响个人的生物、心理和社会等子系统，包括家庭、朋友等；中观系统，指对个人有影响的较大规模的群体，包括工作群体和其他社会群体；宏观系统，指更大的群体和系统，如组织、机构、社区、社会文化。社会生态系统理论实务有双向目标，一是提升个人适应环境的能力，二是环境能够提供满足个人需要的资源或条件。社会工作实务关注促进人的成长和发展、增强人适应环境的能力、消除环境中阻碍人们成长和发展的因素、增加社会资源，促使环境更好地满足人的需要。

社会工作者在开展针对贫困家庭的社会工作服务过程中，可以从家庭生态系统视角出发，着力促进贫困家庭及其成员与其他个体、志愿者、家庭、社会服务机构、慈善组织、社区及政府有关部门的良性互动，多方协调和争取资源，积极推动多元社会力量参与贫困家庭的社会工作服务。

二　社会支持网络理论

社会支持网络，包括社会支持和社会网络两个层面。社会支持方面，最早进行研究的学者是19世纪法国社会学家迪尔凯姆。一般而言，社会支持是指人与人之间的互动交换关系。社会网和社会支持网的研究从20世纪30年代开始起步，70年代成为独立领域。社会网指的是人与人之间较为稳定的社会关系，而社会支持则是人们从社会网中获得的各种帮助。换言之，社会支持网是指由为人们提供各类资源支持（如金钱、情感、友谊等）的人所构成的关系网络。[①] 社会支持网络可以帮助人们应对和解决生活问题和危机，维持正常生活秩序。[②] 按照资源获取渠道的不同，对于贫困家庭的支持可分为两大类：一是正式的社会支持；二是非正式的社会支持。前者指来自政府、社会正式组织的各种制度性支持，主要是由政府行政部门，如各级社会保障和民政部门，以及准行政部门的社会团体，如工会、共青团、妇联等支持。后者则主要指来自家庭、亲友、邻里和非正式组织的支持。[③] 如图1－14所示。

社会支持网络理论，对于贫困家庭的脱贫有一定的实践指导意义，它有助于提高社会支持的效率和受助者的主体地位，能充分发挥受助者个人的潜能，同时也有利于充分挖掘社会资源，调动社会的各种力量进入支持网络。社会工作者通过链接方方面面的社会资源来为贫困家庭提供帮助是社会支持网络理论的实践应用。

---

① 洪小良、尹志刚：《北京城市贫困家庭的社会支持网》，《北京社会科学》2006年第2期。

② 贺寨平：《国外社会支持网研究综述》，《国外社会科学》2001年第1期。

③ 周庆刚、董淑芬等：《弱势群体社会支持网络与社会和谐》，东南大学出版社2007年版，第44页。

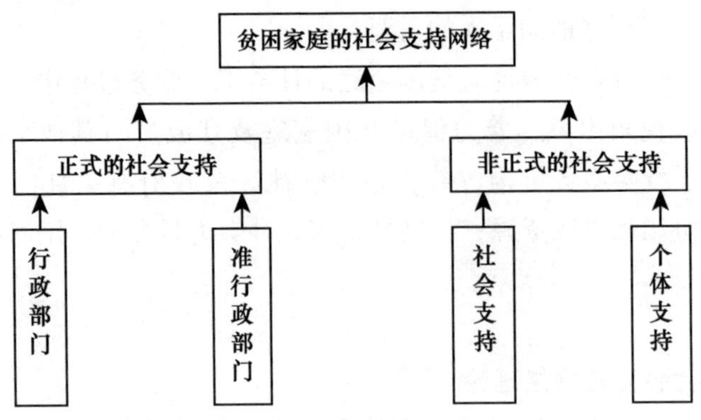

图1-14　贫困家庭的社会支持网络

三　优势视角理论

优势视角批判传统的问题视角和缺陷模式，认为每个人、家庭、群体、组织和社区都有其内在的能力，包括天赋、知识、社会支持和资源，只要存在适当的条件，就可以建设性地发挥自身功能。优势视角理论要求社工看到服务对象的内在潜力和可能性。在创伤、痛苦和困境中帮助服务对象寻找希望并经希望转化为行动，最终走出困境。社会工作者在开展针对贫困家庭的社会工作服务过程中，从优势视角出发，去挖掘贫困家庭及其成员中可能潜藏的能力、文化等方面的发展潜能及可利用的社会资本，尽其所能地促进贫困家庭的改变和发展。

四　赋权增能理论

赋权增能理论是由索罗门首先提出的，它是指赋予或充实个人或群体的权力，挖掘与激发案主潜能的一种过程、介入方式和实践活动。在现实生活中，由于社会利益的分化和制度安排等原因，处于社会底层或社会边缘的贫困家庭总是缺乏维权和实现自我利益主张的能力。如要改变这种状况，就必须对权力进行再分配，走赋权增能的途径。

赋权增能理论首先要求社会工作者帮助案主认识到其无力感并非是由个人造成的，而是由社会环境压迫产生的；案主可以在社会工作者的协助下成为解决自己问题的主体，从而改变无力感。社会工作者可以从三个层面协助案主赋权增能，一是个人层次，包括个人感觉有能力去影响或解决问题；二是人际关系层次，指的是个人和他人合作促成问题解决的经验；三是环境层次，指能够改变那些不利于实现自助的制度安排。在赋权增能社会工作中，社会工作者要与案主建立平等的伙伴关系，视助人过程为分享能力的过程，因为通过分享，可以使参与者获得更多的能力。对于贫困家庭的赋权增能，针对每个家庭的不同特点，可能问题解决的层次也存在较大的差异。总之，在社会工作者的协助下，帮扶对象增加了资源或机会或本事等，努力推动帮扶对象的素质提升及全面发展。

第二章

资源梳理

对于城乡贫困群体的现有帮扶资源进行梳理是必要的，因为对于帮扶对象甚至普通市民来讲，这些资源都是碎片化的、不清晰的。当然，中国城乡帮扶资源的现状分布与国家、城市的民生投入及治理体制等密切相关，目前整体上仍然存在着条块化、分割化现象。

国家、市场和社会是三个相互结合又相对独立的体系，它们对立统一地构成现代社会的整体。其中国家体系的主体是各级各类党政机构等公共组织，市场体系的主体是各种营利性的企业，社会体系的主体则是各种具有非营利性、非政府性特征的社会组织。贫困群体的社会支持体系包括正式的社会支持和非正式的社会支持，其中前者指来自政府、社会组织的各种制度性支持，后者主要指来自企业、个人等非正式组织的支持。当前贫困群体的社会支持体系整体上是以正式的社会支持为主导，尤其是政府机关、群团组织的支持，近年来在政府的支持下，社会组织的支持、志愿者队伍等的支持力度逐年增大。

作为东部发达地区城市的南京，近年来以习近平总书记在江苏考察时对民生建设提出的“七个更”[①] 要求为基础，结合南京发展实际，加入“公共交通、文化体育、社会治理”三项内容，共十大类任务作为民生工作的主要方向。早在 2012 年，南京市成立了“幸福都市建设（民生工作）领导小组”（办公室设在市发展和改革委员会），由市委、市政府一把手挂帅，负责总体谋划、统筹协调和系统推进全市民生工作，使得南京市的民生投入逐年增加，各项民生幸福工程逐步落实，城

---

① 即更好的教育、更稳定的工作、更满意的收入、更可靠的社会保障、更高水平的医疗卫生服务、更舒适的居住条件、更优美的环境。

市治理体制不断完善，对贫困群体的支持力度也在逐年加大。

目前南京市对城乡贫困群体的帮扶初步形成了民政兜底保障，其他相关职能部门人社、教育局、卫健委、工会、妇联、残联等各有侧重的帮扶体系。政府各职能部门和群团组织对城乡贫困群体的帮扶手段以生活帮扶为主导，医疗帮扶和就业创业帮扶为辅助，初步建立起针对城乡贫困群体的帮扶网络。

第一节　贫困群体的政府支持

政府各职能部门对城乡贫困家庭的主要帮扶职责及各项帮扶措施具体分析如下。

一　民政主要负责低保、低保边缘户的生活帮扶及临时救助

民政部门主要负责低保、低保边缘户的生活帮扶及临时救助，资金主要来源于财政资金。其中低保资金的主要来源，原市区（江南八区）全部实行财政补贴，市、区两级财政分担比例为6∶4，原老五县全部由区财政出，中央财政有一定的补助（一年一次性补助2000多万元）；临时救助的资金来源中包括部分福彩金和社会捐赠。

一是低保户的生活帮扶。持有本市常住户口的城乡居民家庭，凡共同生活的家庭成员人均收入低于户籍地低保标准，且家庭财产状况符合相关规定的，可以申请低保，每月享受低保金。2016年7月起南京城乡低保标准为750元/月。除享有生活补贴外，低保户还享有医疗、住房、教育、就业、慈善、法律援助和司法救助等多重保障。截至2016年底，南京市城乡低保总户数为6.3万户，低保总人数为9.5万多人，累计资金近6.4亿元。其中城市低保户数为2.9万多户，低保人数近4.5万人，累计资金近3.2亿元；农村低保户数为3.4万户，低保人数近5.1万人，累计资金3.2亿多元。

二是低保边缘户的生活帮扶。持有本市常住户口的居民家庭，其共同生活的家庭成员人均收入低于户籍地低保标准的2倍，且家庭成员中有患大病、残疾等六类情形之一的，可以申请低保边缘家庭。低保边缘

家庭可以享受医疗救助、“两节”慰问、物价补贴和临时救助四项救助待遇。2016 年低保边缘户 9730 户（其中老五县 4942 户），元旦春节“两节”慰问费 875.7 万元。

三是临时救助。急难型困难家庭、支出型困难家庭、困境个人和市、区政府规定的遭遇其他特殊困难的对象可以申请临时救助。2016 年度南京市接受临时救助的总户数约为 3.8 万户，其中城市家庭近 2.1 万户，农村家庭 1.7 万多户。救助标准最低 200 元，最高近 1.4 万元，户均 726 元。临时救助总开支 2757.1 万元，其中城市支出 1419.8 万元，农村支出 1337.3 万元。

二　人社侧重改制后困难企业职工和社会保险相关困难人群的生活帮扶

人力资源和社会保障部门主要对进入托管中心的困难企业和困难职工以及企业职工养老、失业、工伤保险的相关困难人群进行生活帮扶，涉及 6 万多人，帮扶资金约 5300 万元；开展针对困难人员的就业援助，2016 年 1.4 万多人；针对低保、低保边缘户及建档特困职工等特殊困难群体实施医疗帮扶。

一是生活帮扶。针对困难企业和困难职工以及企业职工养老、失业、工伤保险的相关困难人群进行生活帮扶，主要做法是组织开展元旦和春节两节慰问。其中困难企业和困难职工涉及 1.1 万人，帮扶资金 1167.4 万元，资金来源是再就业资金；企业职工养老、失业、工伤保险的相关困难人群，涉及近 5 万人，帮扶资金 4103.1 万元，资金来源是财政资金和社会化管理服务费。

二是就业帮扶。人社进一步完善了就业困难人员认定办法，加强就业困难人员的分类就业帮扶。针对各类就业困难群体组织开展 131 就业援助服务（131 具体指 1 次就业技能培训、3 次有效岗位推荐、1 次职业指导），2016 年全市实现再就业近 10.7 万人，援助困难人员就业 1.4 万多人，年末城镇登记失业率约 1.9%。

三是医疗帮扶。针对低保、低保边缘户及建档特困职工等特殊困难群体，在全市医保范围基础上，开展“二次报销”。目前这部分困难群体住院费用的报销比例达 85%，取消年度救助封顶线。将因病致贫人员纳入医疗救助范围，2016 年城乡医疗资金支出约 1.8 亿元。

三 卫健委侧重农村医疗救助、计生特困家庭扶助和疾病应急救助

卫生健康委员会将健康扶贫工作列为重要工作，推进全市医疗救助工作，取得了积极成效。2016 年，全市医疗救助补偿 55 万多人次，救助金额 7467.4 万元。

一是提高农村居民重大疾病保障水平。2016 年全市有 7 个区实施了新农合，参合人数近 170.9 万人。2016 年新农合共筹资 14.8 亿元，各级财政补助 10.9 亿元，占筹资总额的 73.2%，人均筹资 868.7 元，政策范围内门诊和住院费用报销比例分别达到 50% 和 78%。南京市全面开展了对农村儿童白血病和先天性心脏病等 20 种重大疾病保障工作，补偿比例达到定额或者限额费用标准的 70%，对符合救助条件的患者再给予医疗救助，救助比例达到定额费用标准的 20%。2016 年对 7248 人进行了重大疾病保障，医药总费用为 1.2 亿元，其中新农合补偿了 8753.1 万元，实际补偿比达到 72%。在基本医疗保障的基础上，南京市实施新农合的 7 个区都开展了大病保险工作，报销比例不低于 50%。2016 年大病保险筹资额为 8952 万元，全部由新农合从统筹基金支出，最高筹资标准为人均 75 元，共有 21955 人得到大病保险补偿，大病保险实际赔付金额 9674.7 万元。

二是做好计划生育特殊困难家庭扶助工作。全市共有计划生育特别扶助人员 10996 人，其中独生子女死亡对象 5122 人，独生子女伤残对象 5874 人。市卫生计生委等七部门联合发文《关于进一步做好计划生育特殊困难家庭扶助工作的实施意见》，其中将计划生育特殊困难家庭纳入家庭医生签约范围，作为建立就医“绿色通道”的措施之一。

三是开展疾病应急救助工作。早在 2013 年市政府出台了《关于建立疾病应急救助制度的实施意见》，市卫生计生委出台了《南京市疾病应急救助基金管理暂行办法》，2014 年以来的三年，共为 431 名患者支付应急救助基金 223 万余元。

四 教育局侧重家庭经济困难学生的助学

教育部门主要侧重对城市经济困难家庭的子女进行助学，建立起覆

盖学前教育到高等教育的学生资助政策体系。学生资助对象扩大到包括农村建档立卡家庭子女、低保家庭子女、农村低收入纯农户家庭子女、特困职工家庭子女、残疾学生、低保边缘家庭子女等十大类。2016 年，全市资助学前、义务教育和高中阶段家庭经济困难学生 38109 人次，资助经费总额 5614 万元。

第二节　贫困群体的群团组织支持

群团组织是“群众性团体组织”的简称，是人民团体和群众团体的统称，它包括工会、共青团、妇联、残联、社科联等。群团组织对城乡贫困家庭的主要帮扶职责及各项帮扶措施具体分析如下。

一　工会侧重在职困难职工帮扶

已有的调查研究结果显示，南京市困难职工的生存现状呈现如下几个主要特点：收入勉强维持生活，近 50% 的人收入在 2500 元以下；16.6% 的人没有工作，没有工作的主要原因是患病、年纪大和残疾；对今后生活感到有些担忧，50% 以上的人对靠自身力量脱困的自信心不足；普遍存在着不同程度的精神压力；目前面临的最大困难是医疗费支付、子女学费支出和重病残疾。①

工会重点精准帮扶建档困难职工。对建档困难职工的要求：一是职工本人或家属患有重大疾病或残疾，丧失基本劳动能力；二是家庭月人均收入高于市最低生活保障线 20% 范围内（2017 年是低保线以上 100 元，即家庭月人均收入范围在 750—850 元），且不在低保边缘户家庭范围内。2016 年全市工会市、区两级建档特困职工 3863 人，帮扶资金 590.8 万元。工会借助职工互助互济会的力量为困难职工提供医疗保障，借助职工援助服务中心加强下岗失业人员等困难职工的就业培训及提供小额贷款的创业资金帮扶等。

---

① 调查结论来源于南京市社会科学院董淑芬副研究员主持的南京市社科咨询重点课题“南京工会深化精准扶贫的路径与对策研究”（项目编号：SKZX2017009）的问卷调查结果。

一是生活帮扶。建档困难职工主要针对职工本人或家属患有重大疾病或残疾，丧失基本劳动能力的、丧偶单亲职工和生活特别困难的农民工三类困难职工，他们享有市级医疗救助和生活必需品实物帮扶，在使用有线电视、煤气、自来水、城市垃圾管理费、公租房租赁、子女入学费用等方面享有政策性减免。仅2016年，市总工会用于市级建档困难职工的生活补贴就达590.8万元。

二是医疗帮扶。国务院2009年颁布的医药卫生体制改革意见中明确提出“要鼓励工会等社会团体开展多种形式的医疗互助活动”。南京市总工会较早成立了市职工互助互济会，在职工中实施重症疾病和死亡抚恤互助补充保险。据统计，全市先后有3000多家基层单位的60余万名职工参与了职工互助保障活动。仅2016年，新增互助会员45716人次；保费收入为3565万元。支付各项互助待遇2418万元，受惠互助会员13107人次，有效缓解了互助会员的特殊生活困难。2016年，市互助互济会还在会费节余中拿出344万元，用于帮扶当年因大病致困的互济会员，惠及困难互助会员3124人。

三是就业创业帮扶。借助职工援助服务中心载体加强下岗失业人员等困难职工的技能培训、职业介绍和提供创业贷款。2016年，中心累计举办各类技能培训班203期，培训学员6001人，就业率达95%；共举行各类招聘活动109场次，意向安置求职者7989人次；共计为467名创业者提供贷款担保4248万元，为189人争取政府贴息近74.9万元。

二 妇联侧重困境妇女儿童帮扶

南京市妇联开展妇女儿童的民生救助工作，主要体现在以下几个项目中。

一是持续开展“巾帼助困”，关爱弱势妇女群体。“巾帼助困”是南京市妇联坚持了近20年的传统品牌工作。每年初举办启动仪式，市、区、街道、社区妇联上下联动，合力推进，动员社会各界协同参与，做好困难妇女的调查摸底工作，重点关注建档立卡贫困户、单亲贫困母亲、病残妇女儿童等群体，切实为她们办实事、做好事、解难事。近三年来，每年发放慰问金近350万元，走访慰问妇女儿童共5000余人。

与人社局等部门联合，实施贫困单亲母亲创就业综合支持项目，持续开展“春风行动”，送岗位、送培训，帮助贫困妇女就业创业。

二是深化“春蕾计划”，拓展困境儿童救助项目。“春蕾计划”和“春蕾圆梦工程”也是妇联坚持了23年的品牌救助工作。20余年来，共募集资金约1700万元，开办各类春蕾班、职教春蕾班、音乐种子春蕾班等163个，资助春蕾女童4200余名。根据儿童需求变化，先后开展“一路阳光”农村留守儿童、“七彩童年”流动儿童生活支持项目。承接江苏省儿童监护缺失社会干预项目试点工作，选取鼓楼幕府山街道伍佰村社区（低收入边缘家庭）和江宁禄口街道群力社区（留守儿童家庭）为试点，开展困境儿童家庭监护缺失的社会精准干预。

三是关注妇女医疗健康，开展“两癌”筛查救助。持续关注城乡妇女医疗卫生健康状况，配合市卫健委，累计为72.3万名妇女进行两癌免费检查，全市妇女病检查率达到95.1%。帮助107名符合条件的农村患病妇女，申请到每人1万元的全国及江苏省“贫困母亲两癌救助”专项基金。自筹资金20余万元，为119名城乡患病妇女每人发放救助资金2000元。各个区妇儿工委办还建立了患病妇女随访信息档案。

三 残联侧重困难残疾人的帮扶

民政负责残疾人的普惠补贴，而残联主要负责残疾人的特惠补贴。根据国务院残工委2015年“全国残疾人基本服务状况和需求专项调查”结果显示，南京市有11.1万名残疾人，其中男性占56.4%，女性占43.6%；农业户口占比48.5%，非农业户口占比51.5%。在全部非农户口中，家庭人均收入“低于低保标准”的比例为17.0%，“低于低收入标准或低保边缘标准”的比例为8.5%，两者合占25.5%，这意味着1/4的非农户口残疾人的收入水平处于低收入和低保及低保边缘状态。从南京市残疾人的就业状况来看，就业比例不太高，非农户以按比例就业为主，农业户口的就业途径更为多元。残疾人未就业的主要原因，以丧失劳动力和无就业技能为主。未就业残疾人的主要生活来源，则以政府支持和家庭供养为主（见表2－1）。

表 2-1　南京市残疾人未就业原因及其生活来源　(单位：人,%)

未就业原因	人数	百分比	未就业主要生活来源	人数	百分比
在校学习	572	1.4	退休金（养老金）	7976	17.8
退休	5015	12.2	财产性收入	378	0.8
丧失劳动力	19100	46.6	社会救助与社会福利	19164	42.7
不具备就业条件或无就业技能	13981	34.1	家庭成员供养	13840	30.8
其他	2352	5.7	其他	3514	7.8
合计	41020	100.0	合计	44872	100.0

数据来源：南京市残疾人联合会于 2015 年上半年开展的“全国残疾人基本服务状况和需求专项调查”（简称残疾人专项调查）的调查结果。

残联对残疾人的特惠补贴，主要体现在全面落实针对残疾人的三项社会保险优待、两项社会救助政策及六项免费社会福利三个方面 11 项内容的特惠保障和救助（见表 2-2），2016 年全年发放各项补贴 2 亿多元。

表 2-2　南京市残疾人享有的特惠保障和救助

保障和救助类别	具体内容
三项社会保险优待	参保减免。享受低保待遇的残疾人和重度残疾人参加居民基本养老保险，由区政府或街道、社区（村）分别按最低缴费标准缴纳部分、全部保费；低保和重度残疾人参加城镇居民医疗保险，需个人缴纳费用由政府全额补助
	出台了 22 项康复项目纳入基本医疗保险服务报销范围
	政府出资为残疾人乘车购买意外伤害保险
两项社会救助政策	低保特惠。低保内残疾人享受低保标准的 125%—150%
	特困救助金。对 2 万多名低保边缘的特困残疾人，即无固定收入的重残人员发 100% 的低保金，有固定收入的发低保补差；对全市“孤残、一户多残、依老养残”人员发 60% 的低保金

续表

保障和救助类别	具体内容
六项免费社会福利	重残生活补贴金。其中低保中的重残人员发放 375 元重残生活补贴，低保中的轻度残疾人发放 187.5 元生活补贴。低保中三、四级智力、精神残疾人发放 300 元生活补贴，低保外三、四级智力、精神残疾人发放 300 元生活补贴
	重残护理补贴。为全市 2 万多名重残人员发放护理补贴
	免费就业培训
	免费 15 年教育（另外，高中以上实施教育专项补贴、对考入大中专院校学生一次性补助和奖励）
	免费乘坐市内公共交通。全市办卡免乘 5 万多人
	住房优待。优先安排经济适用房和廉租房；农村危房“有一改一”

一是生活帮扶。享受各种救助、福利政策的残疾人共 45484 人，标准是人均月收入低于 1500 元。他们享有的特惠保障包括：三项社会保险优待，指参保减免、出台了 22 项康复项目纳入基本医疗保险服务报销范围和政府出资为残疾人乘车购买意外伤害保险；两项社会救助政策指低保特惠和特困救助金；六项免费社会福利指重残生活补贴金、重残护理补贴、免费就业培训、免费 15 年教育、免费乘坐市内公共交通和住房优待。2016 年全市共有 18337 名残疾人享受低保保障，27147 名残疾人享受生活补贴。

二是就业帮扶。市残联积极推动残疾人就业，2016 年全市就业年龄段持证残疾人的总数接近 6.9 万人，有就业能力的约 3.4 万人，已经就业的 2.9 万人。

第三节 贫困群体的社会组织、志愿者队伍支持

在社会转型时期，中国的社会组织是一个极为庞大、复杂并处在渐变中的体系。按照社会组织的性质进行划分，社会组织主要可以分为公

益型组织和互益型组织。其中，公益型组织主要包括公益慈善类组织（如慈善组织、基金会等）、城乡基层社会组织（如农村专业经济协会、社区社会组织等）、民办非企业单位等；互益型组织则主要包括社会团体和行业协会等。社会组织作为政府和群众沟通、互动的媒介，具有重要的价值，可以弥补市场失灵、政府失位、群众失需、居民失业、社会失范和群众失声。

一　南京“城市爱心GDP”排名全国靠前

“第五届中国城市公益慈善指数百强榜”出炉，江苏省31个城市入选，占比达31%，堪称中国“首善之地”。“中国城市公益慈善指数”从社会捐赠、志愿服务、社会组织、政府支持四个方面和“结构”“规模”“贡献”“可持续性”四个维度，分析221个样本城市在2016年至2017年所开展公益慈善事业，南京市城市总体排名全国第六位。其中社会捐赠指数是最重要指标，该数据显示，南京市2016年社会捐赠总额占GDP比例为0.26%，位居全国第五位，这与南京“博爱之都”的称号很相称。

二　社会组织参与精准扶贫卓有成效

根据南京市民政局不完全统计，截至2019年10月底，全市社会组织在民政系统登记注册总数1.2万家，社会组织从业人员总数近6万人，其中高中以下学历约1000人，本、专科学历5万多人，研究生以上学历2000多人。南京市目前每万人拥有社会组织约16.5个，位居全国前列。全市共有持证社工1.4万余人，每万人拥有持证社工预计达17.2人，位列全省第一。全市还拥有全国专业社会工作领军人才2人，江苏省社会工作领军人才14人，数量均列全省第一。[①]

南京市公益慈善类社会组织层次丰富，种类繁多，正通过项目化方式在扶贫救助领域持续发挥稳定作用。如自上而下的慈善总会系统，南京市有省、市、区级慈善总会，是由热心慈善事业的公民、法人及其他

---

① 《南京4人入选省社会工作领军人才　全市已有持证社工1.4万余人》，《南京日报》2020年1月6日A5版。

社会组织志愿参加的非营利公益社会团体，构成形式通常采用会员单位制。南京市慈善总会现有大手拉小手和助孤励志包慈善助孤项目、贫困儿童大病救助和全力抗击“新冠肺炎”疫情助医项目等品牌项目；南京市有各类基金会，首先是自上而下的扶贫基金会，江苏省设有扶贫开发与老区建设“三会”（江苏省老区开发促进会、江苏省扶贫基金会、江苏省扶贫开发协会），动员社会力量募集扶贫资金，助推老区建设，开展产业扶贫、助学扶贫活动，目前正在运行“众筹助老区”和“滴水·筑梦”助学工程。南京市于2016年由市扶贫开发协会和市革命老区经济开发促进会（简称市“两会”）为主发起成立扶贫基金会，旨在积极动员社会力量参与扶贫开发和革命老区建设；南京还有各类分群体的基金会，如自上而下的妇女发展基金会、青少年发展基金会和妇女儿童医疗卫生基金会等，致力于借助社会力量维护各群体的权益，提高群体素质，帮扶各群体当中的困难人员，促进该群体的平等健康成长。除上述体制内社会组织外，近年来南京市各类草根社会组织发展迅速，其中有部分社会组织致力于扶贫帮困事业。

南京市积极引导和激励社会组织参与精准扶贫。截至目前，南京市鼓励支持社会组织累计开展精准扶贫活动200余次，参与扶贫志愿服务人员1万余人次，投入扶贫资金及实物折计近4.1亿元，受益贫困村412个，受益贫困群众5.2万人。[①] 南京市通过创新实施公益创投、购买服务、第三方评估等机制，加大对公益慈善、社会工作服务、志愿服务、农业生产等领域可直接参与脱贫攻坚的社会组织的培育扶持，增强了社会组织参与扶贫的有效性。

三　志愿者队伍不断发展壮大

2019年9月，南京市志愿者协会换届并更名为南京市志愿服务联合会。由市文明办统筹协调指导、联合会联络各方壮大队伍的工作格局，标志着南京市志愿服务工作进一步向制度化发展、社会化动员、组织化推进。

① 汪晓栋：《融入大局　发挥作用　积极参与脱贫攻坚——南京社会组织在行动》，《中国民政》2019年第20期。

截至目前，南京市有活动的志愿者组织共计 8032 家（其中南京市 165 家，江北新区 430 家，11 区合计 7437 家），志愿者总人数接近 300 万人，具体为 2998540 人（其中南京市 731019 人，江北新区 172876 人，其他 11 区合计 2094645 人），志愿服务活动数为 145975 次（其中南京市 1155 次，江北新区 6395 次，其他 11 区合计 138425 次）。[①] 南京很多高校安排学生志愿者定点帮扶中西部地区精准扶贫，如中国药科大学定点帮扶陕西省镇坪县，南京农业大学“产业支农”精准扶贫走进贵州省麻江县，南京大学西部地区义务教育现状与帮扶需求调研团走进云南省丽江市永胜县松坪乡等，边调研边支招精准扶贫，充分体现了高校学生志愿者在脱贫攻坚中所发挥的作用。

第四节　贫困群体正式社会支持存在的困难和问题

进入新时代以来，一方面政府对民生事业高度重视，保障标准不断提高，社会保障刚性支出需求逐年增长，财政收支矛盾日益呈现。另一方面随着社会民主化进程的推进，市民权利意识日益提升，权益保障诉求越来越强烈，客观上对社会救助制度的体系化、管理服务的规范化、政策执行的公开公平公正提出了更高要求。南京市社会救助工作现状与贫困群体需求、社会要求仍存在一定差距。

一　社会救助制度的碎片化现象较为严重

一是各相关服务部门资源整合协调不足。贫困群体的生活补贴，既有民政兜底，也有工会为贫困职工提供补贴；贫困群体的创业、就业培训，既有人社部门，也有工会职工援助中心；残疾人的权益保障，更是涉及发改、住建、教育、公安、民政、财政、人社、交通运输、旅游园林、卫生、体育、人口计生、税务等多个政府职能部门。

二是社会救助政策之间的衔接有待进一步完善。社会保障和社会救

① 数据来源：2020 年 6 月 3 日，志愿江苏网，http：//www. jsvolunteer. org/。

助体系建设是一个庞大的系统工程，它涉及多个政府职能部门，救助政策之间应做好衔接，部门之间还需进一步加强协调。各部门出台专项救助政策时往往只是简单地与低保挂钩，处于低保线边缘的贫困群体实际生活水平有时还低于低保对象。"低保证"的"含金量"越来越大，出现了一种"有了低保什么都有，没了低保什么都没有"的现象，使得社会救助存在"悬崖效应"。一方面，使城乡低保对象产生"进入保险箱"的依赖思想，给低保动态管理造成极大的压力；另一方面，大量低保边缘户想方设法进入低保，以获得更多的物质帮助。低保政策的附加功能越来越多，是导致目前基层社区出现"进低保难，出低保更难"现象的最主要根源。这需要我们低保制度之外的各项专项救助制度，在确定救助对象范围时要更加合理，对低保和低保边缘户在救助标准的设定上要保持一定梯次，尽量将救助"悬崖"变为"缓坡"。

二　家庭收入认定工作手段有限

核定家庭经济状况是社会救助准入的直接依据，针对当前居民收入及财产多样化、复杂化的现状，家庭收入认定缺少信息化、综合性的调查手段。近年来，南京市尝试开展低收入家庭信息比对工作，取得了一定效果，但由于外出就业情况难以掌握、收入报酬通过现金发放等情况普遍存在，收入认定的准确性进一步提高仍很困难。

三　社会力量主动参与社会救助意识不强

社会力量是社会救助体系的重要组成部分和必要补充。但目前社会捐助尚未建立规范的制度体系，公众捐赠意识尚不强，多数群众认为捐赠是富人的事，慈善事业发展所需要的社会氛围还不够，导致社会救助资金来源还是以政府投入为主，社会筹资渠道少、数量小，在一定程度上制约了社会救助水平的提高。

四　社会组织的服务能力跟不上

从南京市社会组织的整体发展现状来看，虽然近年来南京市社会组织数量大发展，逐步进入数量发展和质量发展并重的新时期，但是有实力、有品牌的社会组织并不多，有些草根社会组织仍然面临着经济上以及运营管理上的困难。社会组织从业人员存在着薪酬偏低、专业训练不足和职业归属感偏低、人才流失严重等方面的问题。随着精准扶贫进入新发展阶段，对专业化精准扶贫提出了新的更高要求，而目前扶贫类社会组织的发展尚不能满足新发展阶段常态化专业扶贫的需要。

五　社会救助重物质帮扶轻能力提升

现行的社会救助政策重点是解决贫困群体的物质不足，如低保救助、医疗救助、住房救助等，着重在“救急”上下功夫，而未在提升贫困群体自身能力上下功夫。探索如何帮助贫困群体提高自身素质、能力，增加贫困群体自身的“造血”功能，帮助贫困户树立依靠自身战胜贫困的信心和决心等方面显得尤为重要。

对城乡贫困群体给予必要的保障与救助固然十分重要，但仅仅靠单纯的物质救助，并不能从根本上解决贫困问题。最终摆脱弱势地位，还是要靠自身努力。在给予城乡贫困群体外部支持时，要着眼于提高被救助者自身的能力，避免其产生“等、靠、要”的心理，帮助他们最终摆脱贫困。因此必须以发展的观念推行社会救助，注重城乡贫困群体的能力提升、资产建设与资本积累，以增强其克服困难的能力，变“输血”为“造血”。通过对贫困群体中有就业意愿和就业能力的劳动者进行培训，让他们掌握和更新工作技能与谋生手段，从“授人以鱼”转换成“授人以渔”，提高城乡贫困群体的自身素质，使具备劳动能力的人尽可能多地实现就业，并最终得以摆脱贫困，融入主流社会，避免他们的疏离化、边缘化。

第三章

管理经验

本次大爱之行项目的帮扶对象遍布全市，涉及南京市11个区，牵动部门多（社科院、民政、高校、卫生等），投入的人力资源也多，这对项目管理提出了很高的要求。没有好的团队管理，项目容易陷入混乱状态。因此项目在启动初期，成立了项目运作与管理的枢纽——项目办公室，进行项目整体管理，从无到有开展了一系列制度化设计，保障项目能够规范化运行并顺利完成预期项目目标。总结本项目的管理经验，可以归纳为以下五小节。

第一节　组建资源整合的项目团队

大爱之行项目是由南京市社会科学院社会发展研究所为主导申报的，申报的单位是南京市社会学学会（民政部要求申报主体是社会组织，市社会科学院社会发展研究所是南京市社会学学会的秘书处），学会成员会聚了全南京市各高校近200名社会学及社会工作方面的教师以及部分跟社会建设密切相关的政府职能部门工作人员，市社会科学院跟政府部门、区县及高校也有着良好的合作基础，又是河海大学社会工作研究生培养基地，因此由南京市社会科学院社会发展研究所来主导运作该项目有着相对的资源优势。

一　争取主管单位的支持

项目由南京市社会科学院社会发展研究所为主导申报成功后，南京市民政局与市社会科学院都非常重视并支持项目的运作与发展。市民政局按照民政部的要求给予项目1∶1的资金配套，并根据项目团队构建需要，明确让各区民政救灾救济科科长作为民政联络员加入到项目团队中来，确保项目的顺利开展。南京市社会科学院从人、财、物方面给予项目大力支持，专门把成贤街43号1号楼611、612两个房间以及六楼会议室作为大爱项目办公及会议场所。大爱项目的启动会议、中期评估会议及结项大会，市民政局及市社会科学院的领导都能受邀参加并给予项目以鼓励、支持和肯定。（见图3－1）

图3－1　2014年8月14日，“南京市级重点困难群体帮扶行动”项目正式启动，启动会议在南京市社会科学院六楼会议室召开，市社会科学院院长叶南客、市民政局救灾处处长王芳参加项目启动会议并做动员发言，项目组全体成员参会（拍摄者：王晓东）

二　组建项目办

南京市社会科学院成立了大爱项目办公室，由项目负责人许益军研究员任主任，社会发展研究所董淑芬副研究员任常务副主任，河海大学公共管理学院刘畅老师任副主任，从南京市社会科学院—河海大学社会工作研究生培养基地挑选两名专业社工担任实习生，再聘请一名兼职会计组成。项目办购置了办公桌椅、电脑、打印机、电话等保障项目开展必备的办公用品。项目办成员每周一开碰头会，商量一周的主要工作。项目办是整个项目运作的中枢机构，借助它进行项目整体管理，协调和整合资源，负责项目的整体策划与指导，统筹整个项目的启动、日常运作、评估结项及相关制度化规范化信息化建设等（见图3－2）。

图3－2　大爱之行项目办公室指示牌

三　招募项目社工

项目以80户帮扶家庭为目标，每个社工服务2—3个家庭，准备招募30人左右的社工团队。社工招募的对象是来自河海大学、南京师范大学和南京农业大学社会工作专业硕士一升二（读完研究生一年级有一定的社工理论基础）的学生，采取自愿报名原则，到项目启动前明确有28名社会工作硕士愿意参加并签订服务协议（其中有几名学生在明确项目任务后确定退出），其中河海大学13名、南京师范大学11名、南京农业大学4名。

四　邀请项目督导

项目督导团队的组建，以南京市社会科学院社会发展研究所4名研究人员为基础，邀请南京市社会学学会中有社会工作专业的来自南京大学、河海大学、南京师范大学、南京邮电大学、南京工业大学和南京财经大学6所高校社工专业骨干教师8名，共计12人，组成大爱之行项目的督导团队。

五　配备区联络员

项目办跟南京市民政局协调，因为社工和督导入户及社区联络的需要，明确让各区民政救灾救济科科长作为民政联络员加入到项目团队中来，11个区就是11名民政联络员。

经过资源整合，最后由28名专业社工+12名督导+11名区民政联络员共同组成了大爱之行“南京市级重点困难群体帮扶行动”项目的执行团队。项目团队的具体分工，72户贫困家庭，28名专业社工，按照每个区的帮扶家庭数，每名社工具体负责2—3户贫困家庭；每个区设1名督导老师，其中六合区因贫困家庭较多且离市区较远配备了2名督导。11名区联络员主要起到协助社工及督导入户建立关系、社区资源协调、辅助监督项目成效等方面的作用。图3－3为2014年10月31日项目工作推进会结束后项目团队的合影。

图3－3　2014年10月31日项目推进会结束后项目团队合影

第二节 强调项目的制度化、规范化管理

项目办成立后展开了一系列制度化、规范化管理与引导，制定了项目社工工作制度、督导工作制度、财务管理制度、档案管理制度、人员考核及激励制度等，以制度引领项目的规范化发展。通过项目管理制度化保证项目的正常运转，通过社工入户标准化保证对案主的帮扶持续有效，通过督导辅导定期化保证社工自身的健康成长和专业水平的不断提高。

一 加强项目办的日常管理规范

项目办三位主管分工负责，许益军主任负责整体把控，宏观指导，董淑芬老师偏重项目的整体运作管理，负责向民政部汇报交流，刘畅老师偏重跟社工团队的沟通交流。项目办每周一例会，商量一周的主要工作安排。公布项目办对外联系电话，随时解决处理一线社工入户期间或者资源链接期间遇到的各类问题；按照项目每个阶段的主要任务，制订详细的项目实施计划，包括具体的任务分解，分头执行；按照项目执行计划确定项目启动、项目推进、资源链接、项目中期及结项评估等会议；按上级要求按时参加民政部大爱办召开的启动、培训、评估等类型的会议，定期（一个季度上传一次）向民政部大爱办上传《项目进展情况表》等。

二 建立帮扶对象档案管理制度

项目办为72户帮扶家庭每家设立了一个帮扶档案盒，每个档案盒里有帮扶对象同意项目开展入户服务的“入户服务协议”，有项目前期开展的帮扶对象需求问卷调查结果，有项目后期的终止入户协议及帮扶对象服务满意度的问卷调查结果，还有项目社工每次入户写有服务记录的《社工服务记录手册》等，把这些与帮扶家庭相关的资料都进行归档管理（见图3－4）。

图3－4 帮扶对象的档案管理

三 建立项目社工入户工作规范化流程

1. 明确社工工作职责。社工工作制度方面，为了项目社工工作的有效开展，项目办根据项目自身的特点，制定了《大爱之行项目社工的基本职责》（具体内容详见第四章第二节），让社工明确在项目执行期间自身的工作职责。

2. 明确入户工作流程。项目办设计制作了统一的社工证发给社工，项目社工入户时统一佩戴有自己名字的社工证。项目办设计并印制了72份标准化入户工作手册《社工服务记录手册》（封面及具体内容详见附3－1），在社工每次入户前后填写服务计划、访谈记录、服务心得、改进措施等内容。在入户之后提交电子版的《社工服务工作报告》（具体内容详见附3－2），且需要有督导的指导意见。每月不少于一次入户，或通过电话、视频等与案主保持联系。及时将入户的文字、照片、录音、视频等资料发送至大爱项目邮箱由项目办人员统一整理归纳。

3. 建立与督导联络制度。每次入户后跟督导汇报，并让督导填写电子版《社工服务工作报告》中的督导建议；遇到事情及时跟督导沟通协调解决；听从督导的安排参加本区的项目进展及问题分析交流会。

四 建立项目督导工作秩序

在督导工作制度方面，项目办制定了《大爱之行项目督导的基本职责》（具体内容详见第四章第二节），本项目督导在社工入户阶段需要对每位社工和每个案主负责，定期审阅《社工服务工作报告》，并批注督导评价与建议。在资源链接阶段，每位督导都有链接资源任务分工，定期参加督导会议和不定期召开的督导“头脑风暴会”，对项目帮扶行动过程中的问题及时讨论处理和制订工作计划。

五 建立项目社工及督导工作激励机制

在项目工作的评估及奖励制度方面，项目办制定了大爱之行项目评估及奖励办法（具体内容详见附3－3），根据社工的日常表现及督导推荐，结合提交工作材料的及时度、认真度、投入度等综合考评，推选出项目的优秀社工并颁发荣誉证书和奖金补贴，鼓励项目社工积极参与到项目的运作中来。大爱项目结项前，为表彰为项目做出突出贡献的督导老师，按照以下三项评选原则：（1）认真指导项目社工，做好社工入户阶段的督导工作；（2）努力链接社会资源，较好地完成资源链接阶段的主要任务；（3）注重团队沟通协作，积极参与服务标准制订和项目结项工作等，评选出七名优秀督导。同样，项目办在结项大会上表彰了对本次项目做出突出贡献的公益爱心单位和个人，主要从帮扶的数量、质量及帮扶的可持续性三个角度出发，评选出了两家公益爱心单位、三名公益爱心人士。两家公益爱心单位分别为：高淳老街杂坛助学圆梦之家和秦淮区癌友康复协会；三名公益爱心人士分别为：东大建设的印卫东先生、南京中天园林的吴威先生和江苏德景园林的张超先生。

第三节 开展有针对性的学习培训

开展有针对性的学习培训是项目管理的核心经验之一。针对项目进展的不同阶段开展有针对性的培训，给予项目团队以智力和实践的支持，既有助于提高项目团队的理论水平和实践能力，也有助于提高项目服务的整体水平。项目培训一般借助项目的各项会议议程一并开展，如项目启动会议、项目推进会、项目中期评估会议，最后一项议程通常就是专家培训。项目办组织项目团队进行的六次培训如表 3－1 所示。具体内容如下。

表 3－1　　项目办组织项目团队进行的六次培训

时间	培训老师	培训主题
2014 年 8 月 14 日	南京理工大学张曙教授	“扶贫帮困行动的实务逻辑”
2014 年 9 月 2 日	上海商学院陈蓓丽博士	“社会工作实务研究”
2014 年 10 月 31 日	公益创投项目负责人	项目经验分享
2014 年 12 月 6 日	爱德基金会何文秘书长	“如何做好项目的需求评估”
2014 年 12 月 6 日	南京市社会工作园常建东处长	“南京市社会组织的运营与发展”
2015 年 6 月 18 日	南京财经大学甘诺教授	“社会工作中的心理学应用——从‘心’开始”

1. 张曙老师做“扶贫帮困行动的实务逻辑”专题培训

2014 年 8 月 14 日项目启动会议一结束，项目办就邀请具有丰富社工实务经验的南京理工大学张曙教授在会议上做了“扶贫帮困行动的实务逻辑”专题讲座，讲座围绕“以成效为导向申请社会服务项目”“社会工作服务方案设计的逻辑模式”“扶贫帮困行动的理论与实务”以及“扶贫帮困服务项目存在的问题”四个方面展开。张教授指出，所谓成效导向涉及问题分类、严重程度、需求明确、服务内容与方法的相关性、恰当性、测量指标的科学性几个方面；社会工作服务方案设计的逻辑模式为“输入—过程—输出—成果—效应”；社会服务方案的规划、设计应由理论所驱动，服务方案之所以能够产生成效是因为至少在两个层次上结合了理论，我们的扶贫帮困行动中的实务理论包括“增强权能理论”“优势观点”“生态系统理论”和“自我效能理论”等。我们可以在理论的支撑下尽力克服扶贫帮困服务项目中存在的实际问题和困难，如：服务方案中目标不清、资源管控式的发放与服务使用者的深度依赖，服务目的与手段的倒置、资源重叠、个案重叠、福利资源配置不均、服务输送存在缺口等（见图3－5）。

图3－5　2014年8月14日项目启动会议结束后，项目办邀请南京理工大学张曙教授做“扶贫帮困行动的实务逻辑”专题培训

2. 陈蓓丽督导做“社会工作实务研究”专题培训

2014年9月2日，项目办邀请上海商学院法学系副主任（现就职于上海师范大学社会学系）、上海公益社工师事务所总干事，也是民政部大爱办负责本项目的督导陈蓓丽来给项目团队做“社会工作实务研究”的专题培训。陈老师着重讲了五方面的内容：第一，阐述程序逻辑模式，强调项目要按照程序逻辑模式来推进，在服务的前提下形成贫困家庭的服务标准以及充分做好入户前的准备，她和大家讨论了入户时可能会出现的一些困难，并将自己的经验与大家分享。另外，入户前要做好心理调适，因为服务的对象是贫困群体，所以在相关低保政策方面也要有所了解。第二，在资料收集方面要注重访谈记录的质量，通常采用的是半结构式访谈，要准备充分并详细记录。第三，分析和阐述了外来者实务研究、协同实务研究和实务者研究这三大实务研究方式以及具体步骤，并做了对比分析。陈老师指出，我们说的实务研究，指的是“实务+研究”这样一种模式，我们社工的取向应该是“实务者研究”，其步骤包括问题、理解、反思、行动、改善/改变、新问题、新行动这几个方面，同时举了“四川灾后实务研究”的案例来做具体阐述。第四，简单介绍了实务过程中的综合技巧。一是自我反思与准备，也叫自我调适；二是倾听、专注、澄清、提问、聚焦、反馈等；三是捕捉主题；四是支持与影响等。第五，陈老师指出实务研究是一个过程探索，我们面对问题要思考的是研究方向、研究价值、研究思路和方法以及研究的目标和结果。陈老师强调社工的服务最重要的是要尝试走到案主的心里，只有“基础+技术+深入”才等于真正理解（见图3-6）。

图3-6　2014年9月2日，项目办邀请上海公益社工师事务所总干事陈蓓丽博士做“社会工作实务研究”的专题培训，项目团队在南京市社会科学院六楼会议室参加了本次培训（拍摄者：王晓东）

3. 爱德基金会何文秘书长做“如何做好项目的需求评估”专题培训

2014年12月6日，在项目中期自评会议后，项目办先后邀请爱德基金会何文秘书长和南京社工园常建东处长给所有的督导老师和社工做了两场培训。其中何文秘书长做了“如何做好项目的需求评估”专题培训，他提出做好社会工作项目的评估工作需要做好四点：充分准备、有效沟通、理性分析、完整记录。充分准备指的是，在入户之前，要对服务对象的基本情况有一个基本的了解，还要了解服务对象有哪些禁忌，开展服务可能面临哪些挑战，以及有哪些政策可以为服务对象服务等；就问题而言，分为一般性和专题性两种，应对一般性问题可以遵循“问题—原因—潜力—方案”路线，针对专题性问题，可以遵循“理论—假设—指标”路线。有效沟通指的是，入户后，要随遇而安、诚恳尊重、寓调于聊、紧扣主题。理性分析指的是多重比较、全面把握、承上启下、情景联系。完整记录指的是及时记录、适时对照、回顾小结、完善修正（见图3－7）。

图3－7　2014年12月6日，项目办邀请爱德基金会何文秘书长给项目团队做“如何做好项目的需求评估”专题培训

4. 南京市社会工作园常建东处长做“南京市社会组织的运营与发展”专题培训

社会工作园常建东处长给项目团队做了一场关于“南京市社会组织的运营与发展”的讲座。他先介绍了南京市公益创投的特点，有财政支持、社区配套以及项目购买的特色，并拥有两大平台，一个是民政局的购买，另一个是社会组织的孵化基地。对于明年的项目要求与管理，他提出了五点要求，分别是项目理念、需求评估、活动的常态化、项目服务范围和项目的目标与成效。公益项目关注的焦点对象为："困、独、病、晚"四类群体，其中"晚"指的是"晚间"，主要针对的是空巢独居老人，因为他们白天可以享受社区、社会组织等安排的活动，但是晚上没有为其服务的活动，在这段时间他们可能会感觉到孤独，为了弥补老人晚间服务的空白，给予他们精神慰藉，因此，这种晚间为老服务的项目应运而生。关于大转型背景下的民政工作，新一届政府明确提出，政府机构和人员只减不增，要求社会组织快速成长壮大。同时，也要激发社会组织的活力，强调多元主体，把社会组织培养成体制外、专业化的独立主体，避免过度行政化。同时，项目评估需要加强暗访，防止测评人被跟踪，影响评估实施的效果。政府、市场、社会各就其位，边界要搞清楚。最后，他提出公益事业只有沉淀为文化才有未来，社会工作的价值追求是"仁爱"，遵循的原则是"诚信"，外在形象是"亲和"，使命担当则是"兼济"。公益文化是公益事业精、气、神的结晶。社会不缺做好事的人，而是缺少把事情做好的人。做公益项目要注意四点，第一要有底气，第二要用心，第三要持之以恒，第四要与公益谈恋爱。

第四节　加强项目信息化建设

在信息化建设方面，项目办通过建立大爱之行项目 QQ 群（群号 107540469）、邮箱（njdazx@163.com）、开通项目微博、建设项目网站（www.njfzpg.com）等，及时发布和交流项目工作动态，方便社会的监督和项目团队的交流。

1. 建成项目网站。项目办邀请专业人士设计并建起项目网站，及时发布项目工作动态，"线上"与"线下"齐抓并举，实现了专家、督导、社工、社区等的有效对接。

2. 制作项目宣传册。项目办设计并印制了"民政部·李嘉诚基金会大爱之行重点示范项目　南京市级重点困难群体帮扶行动"的宣传册，公布项目网站、项目邮箱及常用联系电话，既是一种项目宣传，也方便社工和督导在项目执行过程中与帮扶对象及相关人群的交流和宣传。

3. 建立项目 QQ 群。通过 QQ 群加强项目团队的沟通交流。在项目运作过程中，项目 QQ 群在项目沟通中发挥了重要作用，各类会议通知，各类培训资料，一线社工的及时反馈，都在 QQ 群中汇报交流，成为项目团队沟通交流的主渠道。

4. 开通项目微博。大爱项目第一时间开通了项目微博，便于项目团队成员间的信息分享。

通过这些信息化的交流平台，一方面社工可以跟进案主的最新情况，及时了解案主的需求变化；另一方面增加了社工与社工、社工与督导、督导与督导、项目办与各相关主体的交流机会和资源共享。

第五节　保障财务管理的规范透明

在财务管理方面，专款专用，严格按照大爱项目财务要求进行管理，保障财务管理的规范化、透明化。

1. 按预期计划支出项目费用。民政部・李嘉诚基金会大爱之行重点示范项目的支持资金为 20 万元，民政部要求市民政局 1∶1 配套后资金总额为 40 万元。项目经费支出的六大主要板块：一是项目办初期办公用品的购置及项目办运作过程中的办公用品消耗；二是项目办主要负责人参加民政部大爱办多次培训学习和评估交流差旅费；三是项目社工每月一次的交通补贴，根据各区距离远近不同，每人 300—600 元不等；四是项目的督导费；五是专家培训费；六是项目问卷调查设计与分析、《贫困家庭社会工作服务指南》（草案）、项目行动研究报告等的专项费用支出。另外，项目还有网站建设费、宣传费、志愿者劳务费、会计劳务费、项目社工意外保险费、《社会工作》杂志订阅费等。

2. 聘用兼职会计师一名。项目办特聘兼职会计师一名，有会计师资格证，协助项目做好专项会计工作。项目办另有一名持有会计从业资格证书的社工志愿者（前期王倩，后期张梦佳）作为出纳辅助开展日常财务工作，主要记录大爱项目的日常费用支出，负责每月社工及督导费用报销，保障专款专用。

3. 项目开支明细对外公开。大爱之行项目每个季度的经费使用明细报表都按照要求上墙上网，一是张贴在大爱之行项目办公室的墙上，二是发布在项目网站上，促进项目经费使用的透明化、合理化。项目结束后项目办请南京三联会计师事务所做了项目的专项审计，严格按照项目任务书中经费支出的要求进行开支。

第四章

服务主体

本项目的特色之一是充分发挥了专业社工和督导的双重作用。专业社工和督导是项目的服务主体。在项目服务的过程中，专业社工以直接服务的方式介入帮扶对象，其核心价值体现在两个方面，首要功能是心理疏导，专业社工入户对于贫困家庭生态系统的构建，与帮扶对象间的心理沟通，家庭内部人际关系以及与外部关系的协调，都能起到一定的作用；接下来是资源链接，在确定帮扶家庭的帮扶重点后，资源链接就显得尤为重要，项目社工的阅历及其自身的社会资源会在一定程度上限制了其帮扶成效。而督导在贫困家庭帮扶中主要发挥着指导专业社工、协调各方面关系及链接资源的作用，尤其在资源链接方面，项目督导发挥着主导作用（相对于专业社工而言，督导的专业性更强，社会资源更加广泛），帮助项目社工链接到更多的社会资源，从而增强项目的整体成效。

第一节　社会工作者在社会救助中的功能

2015 年 5 月，民政部、财政部以民发〔2015〕88 号印发了《关于加快推进社会救助领域社会工作发展的意见》，强调加快推进社会救助领域社会工作发展的重要性与紧迫性，全面准确地提出了社会工作参与社会救助服务的主要内容，即在社会融入、能力提升、心理疏导、资源链接和宣传倡导等几个方面发挥作用。2017 年 8 月，民政部、财政部、国务院扶贫办又出台了《关于支持社会工作专业力量参与脱贫攻坚的指导意见》，对社会工作参与脱贫攻坚做出了更具体的安排，开拓了社会工作参与脱贫攻坚的服务领域，提出社会工作可为贫困群众提供心理疏导、能力提升、树立自我脱贫信心等服务，这是对社会工作在脱贫攻坚和反贫困中地位和角色的积极认定，也为社会工作参与脱贫攻坚和反贫困进一步指明了方向。①

社会工作参与社会救助服务最有特色的是对救助对象的社会关系方面的支持。这些支持包括要帮助救助对象处理好与政府部门、原工作单位、邻居之间的外部关系，也包括帮助服务对象处理好与家庭成员的关系。处理好社会支持关系，重要的是促成各方对服务对象落入困境的理解，促成他们对服务对象予以支持。② 社会工作促进服务对象的能力提升服务也是多方面的，包括帮助他们提升适应困境的能力、安排在困境条件下生活的能力和走出困境的能力等，而后者的内容又是多样的。对救助对象进行心理疏导服务也是多方面的，包括对落入困境后心理落差的处理，帮助受助者对落入困境原因的客观认识，对其走出困境的迫切心情和实际可能性之间非衔接关系的处理等。③

社会工作在社会救助服务中可以发挥资源链接功能。由于社会救助是比较复杂的，涉及多个政府部门，政府与社区居委会、社会组织以及工作单位之间的共同支持关系，而这些部门、各类组织机构聚焦于服务对象的相互联系并不是自然形成的，这样，社会工作者将这些资源链接起来就十分重要。特别是因某些突发事件导致困境的情况下，社会工作者更应该发挥好资源链接功能。此外，社会工作者还要积极链接一些非制度化的资源，促成各种社会力量对救助对象的及时和有效的支持。④

总之，社会工作以服务对象问题的改善为目标，注重增强服务对象预防和解决问题的能力。因此社会工作介入贫困群体社会支持问题有其自身的优势，是可利用的工作方法。尽管中国已经形成较为完善的反贫

---

① 王思斌：《社会工作要积极、创造性地参与脱贫攻坚》，《中国社会工作》2017 年第 25 期。

② 王思斌：《社会工作之真善美》，北京大学出版社 2018 年版，第 418 页。

③ 王思斌：《社会工作之真善美》，北京大学出版社 2018 年版，第 418 页。

④ 王思斌：《社会工作之真善美》，北京大学出版社 2018 年版，第 418 页。

困工作体系，但其中也还存在一些问题，如：对贫困问题的理解有些狭隘；社会救助中缺乏专业的调查评估；社会救助体系不完善；反贫困政策过程中缺少贫困者的参与等。在反贫困的政策设计和具体行动中重视发挥专业社会工作的功能，可使反贫困政策更加全面、更具操作性，更能提高政策的效率。[①] 从社会工作角度提出介入策略，开展服务，是对国家和政府扶贫事业的有利补充。

第二节　专业社工和督导功能的发挥

专业社工和督导是本项目的服务主体，专业社工入户完成从签约到上门服务、链接资源到终止服务协议的全过程，而督导协助项目社工确定帮扶重点，链接社会资源，辅助项目社工完成整个服务过程。

一　项目社工的职责与功能

社工通过与帮扶家庭建立关系，把握帮扶家庭的生态系统，为帮扶对象协调资源、调解关系、心理疏导和可能的直接服务等，切实改善案主的贫困现状（见图 4－1）。

大爱之行项目社工的基本职责如下：

《大爱之行项目社工的基本职责》

1. 本着诚信、友爱、服务的原则与帮扶对象建立扶助关系

2. 社工应充分理解和把握有关帮扶对象的档案信息作为服务依据

3. 社工应通过为帮扶对象协调资源、调解关系、心理疏导和可能的直接服务等切实为改善案主的贫困现状尽心尽力

4. 社工在一次服务结束时务必与帮扶对象约定好下次接触的时间并向服务对象申明下次服务的内容

---

① 李红波：《当前社会工作介入我国反贫困的必要性分析》，《贵州社会科学》2011 年第 12 期。

5. 社工在开展工作期间应不断完善帮扶对象的档案材料，及时提出可行的帮扶方案，及时修改帮扶方案

6. 每次工作开展都应详细做工作报告，报告内容详见服务记录表，随时向督导提交报告并根据督导意见改进工作

7. 每个月与督导进行一次面谈，汇报帮扶对象的情况及帮扶过程中遇到的问题

8. 如需借助社区、学校或社会组织的力量解决帮扶对象的问题或帮扶过程中出现疑难杂症可与督导协商寻求解决办法

9. 多与小组成员、督导进行沟通，保持心情舒畅

图4－1 2015年9月21日，项目社工（河海大学）尹亚运，陪同南京市秦淮区癌友康复协会的赵双玲等志愿者，到患有癌症的帮扶对象家中进行心理疏导（拍摄者：董淑芬）

二 项目督导的职责与功能

本项目督导在社工入户阶段需要对每位社工和每个案主负责，定期审阅《社工服务工作报告》，并批注督导评价与建议。在资源链接阶段，每位督导都有链接资源类型分工，并定期召开督导会议和不定期召开督导“头脑风暴会”，对项目帮扶行动过程中的问题及时讨论处理和制订工作计划（见图4－2、图4－3）。

图4-2 2014年8月14日，项目办召开督导“头脑风暴会”，共同分析项目进展中遇到的各种问题并商讨解决方案

大爱之行项目督导的基本职责如下：

《大爱之行项目督导的基本职责》

1. 积极协调和推进项目开展
2. 规范小组内的工作程序及分工
3. 指导社工制订入户访谈和小组活动的计划
4. 对社工的服务记录、总结进行审阅、批复，完成督导记录
5. 协助社工跟各区、社区联络员进行工作协调
6. 帮助并指导社工解决帮扶过程中出现的疑难杂症
7. 帮助并指导社工发掘、联络相关社会资源
8. 对社工的服务出勤及工作成效进行评估
9. 每个月跟指导的社工有一次面谈，对项目开展情况进行阶段性总结
10. 参加每月的督导会议，开展项目交流，提出对策建议
11. 给予社工以情绪上的支持和压力缓解

图4－3　2014年9月17日，高淳区项目督导崔效辉老师带领项目社工到帮扶对象家中进行访谈（拍摄者：相海兰）

第三节　专业社工与督导的互动模式

专业社工和督导间的深度互动与协作是项目能够顺利推进的重要保障，也是本项目的重要特色。其中社工介入一个个帮扶家庭，体现的是个案社会工作方法。在项目初期，由民政联络员带领专业社工和督导进行入户探访，社工在问卷调查和几次入户探访了解帮扶对象的详细家庭生态的前提下，在督导的协助下制定明确的家庭帮扶重点。如图4－4所示。

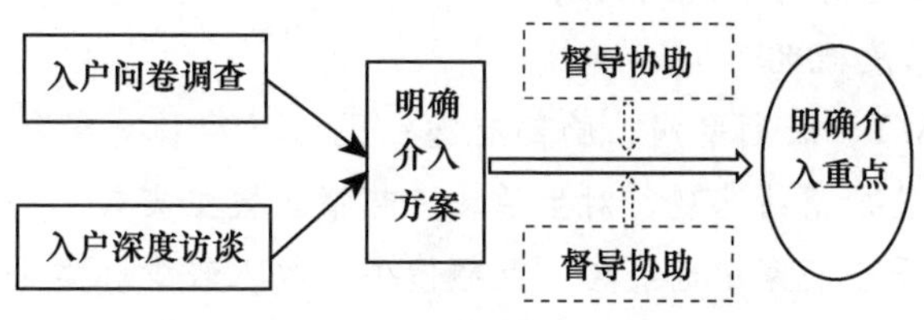

图4－4　社工服务第一阶段的主要工作

项目中后期的资源链接阶段，由督导团队负责资源链接，链接到的资源再由专业社工引导入户。如图 4－5 所示。

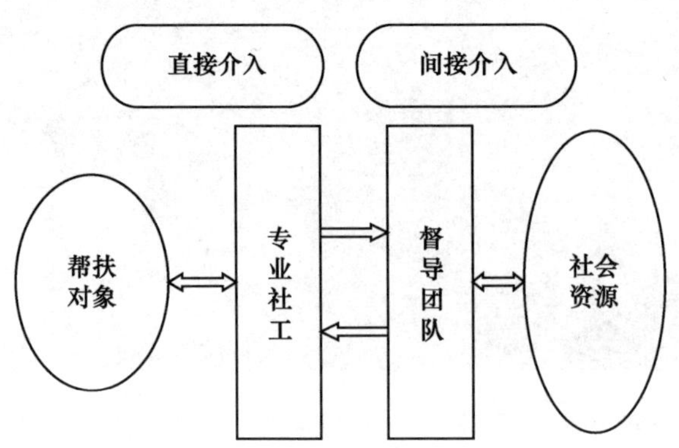

图 4－5 项目社工与督导间的互动模式

从帮扶对象的角度来看，社工是直接介入，在整个项目实施期间，帮扶对象基本上是与社工进行沟通交流的；而督导更多的是间接介入，督导一方面指导社工入户的技巧和内容，另一方面负有链接资源的功能，协助社工把政府及社会资源链接入户。通过社工与督导的深度互动协作推动项目的顺利开展。

一 社工与督导互动典型案例 1

帮扶对象：JN—CWY 家庭①

（JN 是江宁区区名首字母，CWY 是帮扶案主的姓名首字母。下同。）

社工：（河海大学）郭文娟

督导：（河海大学）刘畅老师

（一）家庭概况

案主 CWY，长期重病，脑部有瘤；无法从事体力劳动，无收入来源；精神不佳，情绪悲观，对生活缺少热情。案主丈夫，一人工作养活全家，因妻子生病家中已经欠下巨额债务，收入较少。案主女儿，现在

① JN 是江宁区的首字母缩写，为尊重帮扶对象隐私，CWY 是帮扶案主的姓名首字母。全书中案例统一采用此编号方式。

在南京市一所师范学院就读，希望毕业后找到一份教师方向的工作。家人团聚时间较少，一些问题不能很好地沟通。

（二）需求分析

（1）案主个人，①案主长期患病，脑部多次手术，且病情较重，术后需要大量药物来维持健康，且花费巨大。所以案主迫切地需要医药资源。②案主无法外出，无法从事体力劳动，但是在家里可以制作简单的手工艺品，社工可以根据案主的需求，就近帮助联系相关资源，帮助案主在家就业。③由于案主的病况使家里经济生活发生了很大的变化，丈夫和女儿愁眉不展，生活水平有所下降。案主心中一直对家人有愧疚感，导致生活态度悲观，情绪一直低落。因此社工需根据案主的实际情况，对案主的情绪进行安抚，使其对生活重拾信心，增加对生活的热情。

（2）由于社工在去案主家里进行介入的过程中，一直没有见到案主丈夫，可见案主丈夫的工作较为辛苦。从侧面了解到案主丈夫的劳动强度较大，且一直觉得自己工资薪酬较低，担心自己的工资不够家里的日常开销和女儿上学的费用。因此根据社工的初步评估，案主丈夫的需求即为增加收入，提高全家的生活水平。

（3）案主的女儿在本市一家师范学院就读，即将面临毕业，因此希望能在毕业时在本市找到一份与教学相关的工作，这样既能补贴家用，又能就近照顾生病的母亲。

（4）由于丈夫需要长时间地在外工作，女儿在读书，通过对案主及家人需求的具体分析，了解到家人的团聚时间较少。因此家人虽然在案主的生病治病上关心且不对案主做任何埋怨，但是对案主的情绪却很少有时间关注。所以，通过分析评估，案主家庭的需求是：①增加收入，提高生活水平；②增加家庭团聚时间，使家人之间多多沟通，加强感情交流。

（三）介入过程

（1）①针对案主的治病问题，社工通过联系资源，了解到南京市的一些大病救助的社会政策，希望通过联系政府部门的资源，帮助案主申请，希望案主的情况能被纳入大病救助的行列。②针对案主的就业问题，社工与当地民政局联系资源，了解到民政局附近就有一家手工艺品加工作坊。根据案主的情况和社工的协调，案主可以不必每天去加工作坊上班，可以把半成品拿到家里加工，不设时间限制，完成之后再送到作坊，计件发放薪酬。③针对案主情绪低落的问题，社工采用叙事治疗方法，利用优势视角，让案主明白，自己虽然生病，但是丈夫和女儿都非常关心自己。丈夫对自己从来毫无怨言，为了使自己的医疗条件更好，努力地挣钱；女儿也很优秀，努力考上了大学，为了能照顾自己，希望能在家附近找到一份工作。案主自己本身的病情已经稳定，虽然不能参加体力劳动，但是基本的手工艺品制作还是可以的，既能丰富自己的生活，又能为家庭增加收入。

（2）针对案主女儿的就业需求问题，社工努力地联系有关部门，希望能找到资源，为案主女儿在本市找到合适的工作。

（四）督导建议

项目社工的工作态度和技巧都比较成熟，非常顺利地完成了前期入户工作。经过对入户工作报告进行审阅，社工郭文娟对该案主的家庭及个人信息把握充分，对今后帮扶的目标设计切实并具有可操作性。工作报告本身也体现了社工的专业水平，作为督导对前期入户工作予以肯定。

督导建议确立的帮扶重点：助残助业。

并给出可能的解决方案：

（1）由项目部联系资源帮助案主，例如可以联系手工作坊，让案主先进行学习，然后由案主在家完成工作，最好是手工作业量没有时间限制。

（2）与当地社区联系，希望能就近找到适合案主的手工作坊。

（五）介入评估

介入快要结束时，案主已经和手工作坊取得了联系，准备让丈夫帮自己去拿手工艺半成品，以便在家自己制作；在有了工作的打算后，案主的心情也得到了好转，觉得自己能为家里做出一份小小的贡献，再加上通过社工的引导，案主意识到自己家的女儿懂事又孝顺，丈夫对自己也是无怨无悔，从来不会抱怨，只会心疼自己因为生病受的苦痛！案主进一步意识到自己有多么的幸福而不自知，案主的自信也开始上升，决定重拾对生活的信心，以乐观积极的态度面对未来的生活。

二 社工与督导互动典型案例 2

帮扶对象：LH—ZDS 家庭

社工：（河海大学）金意倩

督导：（河海大学）顾金土老师

（一）家庭概况

案主 ZDS，48 岁，七年前患上了白血病，经过治疗后现虽然未曾复发，但无法进行重型体力劳动，也无法从事简单但需长时间值班的工作。妻子，44 岁，身体虚弱，无法从事重体力劳动及长时间工作。儿子，22 岁，在江宁区南京交通职业技术学院念大三，即将毕业，就业压力较重，希望获得就业岗位。

（二）需求分析

1. 介入初期

在介入初期，与案主所在社区及街道工作人员的会谈，对案主的基本情况有一个了解。在初次入户时，通过与案主的沟通，对其家庭的具体情况有一个了解，并对其需求做出了初步评估。

（1）对案主 ZDS，其最主要为身体康复性的需求。由于其在七年前患上了白血病，经过治疗后现虽然未曾复发，但无法进行重型体力劳动，也无法从事简单但需长时间值班的工作。因此对其的介入主要在于为其提供身体康复方面的帮助，并为其链接一些医疗性的资源。

（2）对案主的妻子，其最主要的是身体虚弱。由于常年在麻纺厂工作，工作环境对身体有较大伤害，进而导致身体常年虚弱，无法从事重体力劳动和长期进行劳动。因此，需要对其身体状况做出一个评估，并为其链接一些医疗性资源。

（3）对案主的儿子，最主要是就业和社会交往能力提升的需求。案主的儿子由于家庭环境的影响，性格相对沉默，不善于社会交往和互动。因此，需要加强其与社会的接触和融入，提高其社会交往能力。

（4）对案主的家庭，最主要的问题在于因病致贫。因此，帮助案主家庭摆脱困境的主要途径在于身体状况的恢复。同时，帮助案主的儿子加强职业能力，并成功就业，是帮助其家庭摆脱困境的好方法。

2. 介入中期

在介入的中期，通过入户访谈并从社区获得的消息，对案主家庭有了更为深入的了解，对其需求进行再次评估。

（1）对案主，在原有身体康复性需求的基础上，需要帮助其重新建立起生活的信心。

（2）对案主的妻子，在原有身体虚弱，对医疗资源的需求上，需要帮助其缓解心理压力。

（3）对案主的儿子，在原有就业和社会交往能力提升的需求上，需要帮助其建立信心，提升职业能力并融入社会生活。

（4）对案主的家庭，在原有帮助案主家人身体状况的恢复和帮助案主儿子成功就业的基础上，需要加强其家庭成员间的沟通和交流，建立更为有效的家庭支持系统。

（三）介入过程

（1）针对案主缺乏生活信心、案主的妻子有较大的心理压力、案主的儿子自我信心的缺乏和家庭支持系统薄弱问题，采用家庭小组的介入方法，方法依据马斯洛需求层次理论和镜中我理论。根据马斯洛需求层次理论，需求可分为：生理上的需求，安全上的需求，情感和归属的需求，尊重的需求，自我实现的需求。在案主家庭，主要情况是因病致贫，在家庭环境的影响下，也使得案主的儿子较为沉默，较少参加集体生活。在这样的情况下，在入户探访的过程中，主要通过家庭小组的形式，在一个较为轻松的环境下使得案主的家庭成员能较好地畅所欲言，说出了自己心里的难言之隐，帮助其家人能更好地相互了解，增强对家的归属感和情感需求。同时，根据镜中我理论，通过这样的交流也使得案主的家庭成员更好地了解自己，促进了家庭成员的互动。在整个过程中，首先是让案主的家庭成员之间相互表达感谢之情，让一位成员向另两位成员讲出对方为自己做了什么，自己感谢对方什么，成员之间相互轮流表达。其次，在情感表达的基础上，每位成员都再次轮流表达在最近的家庭生活中自己有什么做得不好的，希望能获得家庭成员原谅的事情。最后，家庭成员再次轮流表达对其他家庭成员的希望。在整个过程中，场面温馨感人，案主的家人表示从来没有像这样开诚布公的相互交流，增进了他们相互之间的理解和支持。

(2) 针对案主的儿子就业和社会交往能力弱的问题，采用访谈的方法介入，方法依据优势视角理论。根据优势视角的理论，社工应该帮助案主发现、寻求、探索和利用案主的优势和资源，协助他们达到自己的目标。案主的儿子由于家庭条件和环境等原因，较为沉默，较少参加社会生活和集体生活。在这样的情况下，社工对案主的儿子进行了多次约谈，基本掌握了案主儿子的心理状态和动向。根据案主儿子的主观意愿和能力，为其联系了兼职，通过兼职的方式让案主的儿子开始逐渐接触社会生活，有利于其提高社会交往能力。

(3) 针对因病致贫的问题，采用家庭小组、访谈和资源链接的方式介入，方法依据社会支持网络理论。根据社会支持网络理论，一组由个人接触所构成的关系网，透过这些关系网个人得以维持其认同，并获得情感支持、物质援助和新的社会接触等。在对案主整个家庭的帮助中，通过与解决家庭情感支持问题方式相同的办法，建立起社会支持网络中的情感支持。同时，链接社区就业信息和就业培训，建立起社会支持网络中的工具性支持。帮助案主的儿子更多地参与社会生活，并参加兼职工作，不但可以获得物质支持，也拓展了社会交往范围。

(四) 督导建议

重点从其儿子身上寻找突破口，让其有更好的精神状态完成学业，寻找到理想的工作；通过其儿子的就业，改善其家庭的氛围。可以接触下村委会，了解是否存在帮助他实现就业的机会或信息。

督导建议确立的帮扶重点：助学及就业为主导。

并给出可能的解决方案：

(1) 首先了解案主的儿子所学专业及所掌握的技能，分析其适合的岗位；

(2) 通过与案主及其儿子的交流，对他们的相应岗位需求和职业期望做了解；

(3) 和案主及其儿子一起讨论一个合乎实际的就业目标；并分析其目前还没掌握但亟须获得的证书和技能；

(4) 帮助案主的儿子制作简历，辅导其面试技巧；助其收集一些招聘信息。

（五）介入评估

1. 案主状态改善情况

通过社工介入，案主的情绪状态有所改善。同时，为其链接了一些身体康复理疗的信息，并为其找到了一些白血病身体康复的注意事项。在整个过程中，也在尽力链接资源，努力帮助案主实现再就业。

对案主的妻子，通过家庭小组的开展，帮助她缓解了心理压力。

对案主的儿子，通过家庭小组的开展，帮助其更好地感受对家庭的归属感和情感寄托，为其建立起了家庭情感支持和表达系统。同时，通过兼职工作的介绍，帮助其更多地参加了社会活动，逐渐开始融入集体生活。通过兼职工作，也帮助其开始正视自己的职业选择，规划其职业发展。

对案主的家庭，在新春期间地方政府进行了慰问，并给予了一定的经济和物质帮扶。同时，案主家庭生活也更加和谐，家庭成员之间也更乐于交流和分享。

2. 案主对社工介入的满意度

案主对社工的整个介入规划和执行较为满意，虽然在物质上并没有提供更多的帮助，但是案主对社工对其家庭生活介入的效果感到非常满意。

3. 调动与使用社会资源情况

在整个介入过程中，整合了六合区政府、所在街道社区、南京市社会科学院、河海大学公共管理学院等多方面的资源。在整个过程中六合区政府在新春期间为案主家庭提供了经济和物质扶持，所在街道为案主家庭链接就业信息和医疗信息，所在社区为案主家庭提供了邻里帮扶服务和健康信息讲座的服务，大爱项目办后期链接到爱心企业家为案主儿子提供了爱心助学（资助6000元学费），案主儿子从南京交通职业技术学院毕业后成功实现就业，在江苏建保建设有限公司工作，大爱助学的第二年，项目办还邀请他给其他接受助学的伙伴们传授求职及工作经验。

4. 社工能力提升情况

在整个个案介入和服务提供过程中，社工自身在资源整合能力和专业服务提供能力上都有了较大提升。在资源整合上，能更加得心应手地联系各方资源，并保证为案主家庭提供的某方面资源不会过度而导致资源浪费。在专业服务提供的能力上，能更好地理解社会工作专业理论的意义，并将理论结合实际进行运用。同时，社工最重要的是分享和反思的能力，在这方面还有待提升。

第五章

服务模式

如果要用一句话来概括本项目的服务模式，就是“以个案社会工作为基础的多元资源联动服务方式”。具体如图5－1所示。该服务模式具备以下四个方面的主要特征：一是项目的社工介入帮扶以个案社会工作为基础。二是项目实施分类别帮扶，按照帮扶对象的主要需求类型将帮扶家庭分为助医、助学、助技助业、助残和助心理五个类别，针对五大类型家庭的不同特点开展了不同的资源链接活动。三是项目充分发挥了专业社工和督导的双重作用。这部分内容在第四章已做详细阐述。四是项目坚持多元资源联动的服务方式。

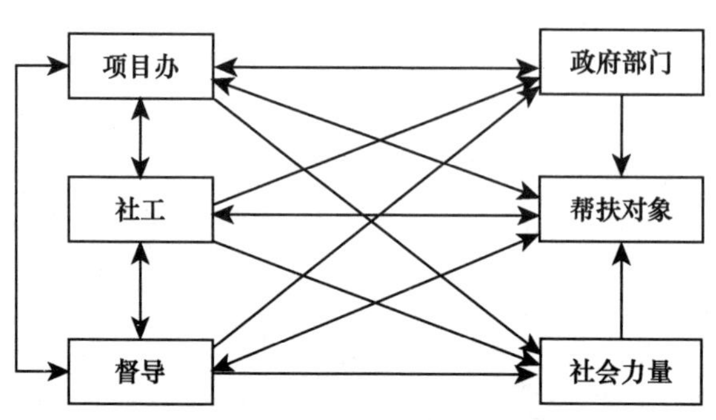

图5－1　项目的服务模式

第一节　个案社会工作为基础

项目社工运用个案社会工作方法为帮扶家庭开展服务。个案社会工作是社会工作的基本方法之一，它以个人或家庭为服务对象，运用有关人类行为与社会环境的各种科学知识和专业技巧，通过专业关系的建立和发展，针对个人的特殊情况和需要，了解个人内在的心理特性和问题，以激发个人潜能，协助其改变态度，调整其与外在环境的社会关系，并运用社会资源来改善或恢复其社会生活功能，以解决他们的问题，增强和发展个人或家庭的社会适应能力。专业社工通过个案社会工作方法参与帮扶的全过程。通过与帮扶家庭建立关系，把握帮扶家庭的生态系统，为帮扶对象协调资源、调解关系、心理疏导和可能的直接服务等。虽然项目第二阶段加入督导的资源链接功能，但更多的是起到助力作用，主要考虑到项目社工是在校生，自身社会资源相对不足，最后督导链接到的社会资源依然通过社工传递给帮扶对象，从而切实改善案主的贫困现状。

项目社工参与个案服务的具体内容非常复杂，但是从整体上看社工服务流程相对简单，具体包括以下几个主要内容。

一　与帮扶对象签订服务协议

社工和督导的初次入户，由区联络员引导上门，在介绍自己和简单了解对方的基础上要签订入户服务协议，入户服务协议的主旨在于确立双方的服务关系，只有帮扶对象自己愿意接受帮扶才能正式启动项目服务（《服务协议》的具体内容详见附5－1）。项目原计划为76户贫困家庭开展服务，其中有4户不接受《服务协议》的家庭就没有参与到项目中来（见图5－2）。

二　有计划地定期上门或者电话、微信服务

同意社工入户服务之后，社工开展每月一次的定期上门服务，中间穿插一些电话或者微信聊天，掌握帮扶对象家庭情况，制订详细的服务计划，并围绕服务计划开展有计划的上门服务。例如项目社工（南京师范大学）王倩针对GL—YHT家庭制订的服务计划如表5－1所示。王倩通过与帮扶对象建立专业关系，分析对象问题，最后确定采用理性情绪治疗模式，多次上门与帮扶对象进行座谈，最终缓解了服务对象在情绪和行为上表现出的困扰，取得了良好的帮扶成效。

图5－2　2014年9月18日，项目社工（南京农业大学）刘浩到南京市溧水区帮扶对象家中进行初次入户访谈，做入户问卷调查，了解帮扶对象家庭的详细情况，并与帮扶家庭签订了《服务协议》（拍摄者：蔡旭东）

表5－1　GL—YHT家庭服务计划

服务对象	GL—YHT
问题评估	（1）家庭关系不佳。与儿子很少沟通，亲子关系不佳。会因琐事发脾气，导致常与妻子争吵 （2）内心自卑感严重，社会交往少。经济上的不独立和自身非理性情绪的存在是导致社会交往较少的主要原因
服务目标	（1）直接目标：引导案主发现自身存在的问题与不足 （2）过程目标：改变案主的非理性情绪，给予就业方面的支持，通过加强亲子沟通、夫妻沟通，改善案主的家庭关系，提升自信，增强社会交往 （3）最终目标：激发案主潜能，帮助其摆脱贫困状态
服务模式	理性情绪治疗模式。运用理性情绪治疗模式，缓解服务对象在情绪和行为上表现出的困扰
服务方法	会谈法为主、社区座谈法为辅

三　引导帮扶对象自主接受社会资源的帮助

项目进入资源链接阶段，社工和督导社会资源的介入，需要项目社工与帮扶对象经过细致协商，达成一致意见才能真正发挥作用。比如社工通过链接社会资源帮残疾家庭的孩子进行残疾鉴定后，要根据残疾的等级申报残疾补助，那么社工会根据相关政策告诉帮扶对象到哪里去申请，而具体的申请就由家庭成员中有能力去做的人自主去申请。再比如社工根据家庭需求联系上相关的心理疏导机构，把案主转介给心理疏导机构开展后续的心理帮扶，但是当下案主对该机构不够信任，那么就需要社工进一步做工作，逐步建立起案主的信任感，直到帮扶对象自主寻求帮扶。

四 终止服务协议

项目入户服务协议到期，整个项目接近尾声，贫困家庭的帮扶重点已经解决或者未能彻底解决但也不影响整个家庭的未来成长，在提前告知的前提下，项目社工与帮扶家庭签订《社工服务终止协议》并做进一步的服务满意度调查（具体内容详见附5-2）。

五 典型个案社会工作服务及其反思

以下是QH—FYZ家庭的案例服务过程及其反思。

帮扶对象：QH—FYZ家庭

社工：（南京师范大学）白娟

督导：（南京大学）任正臣老师

（一）案主简介

案主FYZ，48岁，以打散工为生，有两个孩子，都在上学，负担较重。前几年妻子患乳腺癌，做过手术后，身体正慢慢恢复中，现可以做些轻体力的活。目前家中面临的最大困难，一个是因给妻子治病做手术而欠亲戚的几万元外债；另一个是想要治愈儿子的脸。儿子天生带有胎记，占半边脸，儿子认为胎记很影响形象，并且有时会因此自卑，有时还会抱怨。案主很想把儿子脸上的胎记治好，但跑了多家医院效果仍不明显。

（二）需求分析

（1）案主的心理帮扶需求。案主目前面临困境主要来自治愈儿子的脸产生的心理与经济上的压力。心理上可能会因儿子的脸产生愧疚心理，经济上则来自医疗费用。

(2) 案主儿子和女儿的助学需求。一个儿子在上大学，一个女儿在上小学，负担较重。加上前几年妻子患乳腺癌做手术后，家中还欠亲戚的几万元外债，经济压力较大。

(3) 案主儿子的助医需求。案主很想把儿子脸上的胎记治好，但跑了多家医院效果仍不明显。因此，向我们寻求是否有相关资源可协调。但是医生也说过，儿子脸上胎记太大，以目前医疗技术完全治愈还是不太可能，因此劝他别抱太大希望，也劝他不要花大价钱成为新技术的试验品，毕竟家里经济条件也不富裕。服务对象心里也明白，只是仍抱着能让儿子好一点的心态试试，并且目前儿子脸上的胎记已经压迫到脸上神经，医生说可能会影响到语言功能与视力。因此，目前首先要做的就是让胎记不要再扩散，这就需要定期去医院进行检查。

(三) 介入过程

经过与督导的协商沟通，我们把帮扶重点放到案主的心理帮扶需求和子女助学上去。助医需求是多家医院都无能为力的事情，而且风险很大。在目前不影响其儿子身体健康的情况下，建议定期去医院进行检查保障不引发后续反应，等新技术成熟后再来做手术。但是我们仍然会积极地为服务对象寻找相关医疗资源。

(1) 针对案主的心理帮扶需求。社工多次入户进行心理疏导，在目前医学技术不到位、手术风险很大的情况下，我们要以生命安全为重，安于现状，坚持定期去医院进行检查，不要觉得对不起孩子，父母尽心尽力就好。定期与服务对象打电话，关心其近况，逐步缓解案主为儿子治愈脸部而产生的焦虑心理，引导案主学会以积极心态面对生活中的困境。

(2) 针对案主儿子和女儿的助学需求。针对儿女上学所带来的负担，项目办在中后期链接到爱心企业家为该家庭助学，两个孩子一起接受了爱心企业家的捐资助学，儿子 FJ 上大三，女儿在上小学五年级，第一年资助 6000 元；第二年女儿顺利升入初中，资助 3000 元，儿子考上南通大学研究生（学硕），取消助学金，因其表现突出，奖励 600 元。两年共获资助 9600 元。

（四）介入评估

（1）案主状态改善情况。经过各方近一年的努力，案主的心理压力有所缓解，心态有明显的改善，努力做好工作，管好两个孩子，不再纠结于给儿子做手术的问题。对社工的服务由最初的不知道社工是什么，到最后的认可欢迎，特别是给他的儿子和女儿链接到助学资源后，案主非常开心，对社工的服务表示非常满意。

（2）案主儿子发生的改变。案主儿子 FJ 经过项目帮扶，认识到“工作没有贵贱，同样，人和人也是平等的，不能因为接受别人的帮助就否定自己的价值”。他在评价中写道：“我爸爸参加了工会的培训，找到了临时工，收入有了些提高；大爱项目为我和妹妹提供长期的学费资助，家庭困难有了很大改善；在大爱资助下，我今年考上了研究生，以后我会好好工作，努力回报社会。”

（3）社工反思：一是对社工进行相关实务培训，包括如何与服务对象进行有效沟通、如何通过肢体语言看懂服务对象等在与服务对象交往中可能遇到的情境，提高社工服务水平；二是认识到社区人员配合与帮助的重要性，否则会花费大量时间来寻找相关信息。在协调资源的过程中，要充分利用好更多资源才能更好地为服务对象提供服务。

第二节　实施分类别帮扶

针对帮扶对象的需求调查结果开展分类别帮扶是本项目的重要特色。

一　前期需求调查结果

根据前期的问卷调查结果，对于“您目前最需要在哪方面获得帮助”这道多选题，在 72 个被调查者中，选择医疗、助学等救助的有 42 人，选择直接物质资助的有 35 人，选择就业支持与帮扶的有 18 人，而选择生活照料的有 1 人。

在被调查者中，身体健康的只有 33.3%，其余 67.6% 的人均不健康，其中，体弱多病的有 15.3%，长期患病的有 29.2%，患有重大疾病的有 22.2%。在有患病成员的家庭中做医疗康复调查，调查结果显示，37.5%的人需要报销医疗费用；31.3%的人需要帮助联系医生、医院；20.8%的人希望学习医疗保健技能和知识；10.4%的人需要提供轮椅等实际物资。

子女的助学需求方面，在有子女上学的家庭中做调查，结果显示有67.6%的人需要学费资助，17.6%的人需要课业辅导，8.8%的人需要解决择校问题，5.9%的人需要提供考研等信息咨询。

在就业支持需求方面，调查结果显示，45.8%的人需要提供就业信息，23.6%的人需要提供工作岗位，11.1%的人需要提供就业培训，19.4%的人则在灵活就业方面有一定需求（见表5－2）。

表5－2　帮扶家庭前期需求汇总　（单位：人，%）

变量	指标	人数	百分比	人数总计
医疗需求	报销医疗费	18	37.5	48
	联系医生、医院	15	31.3	
	医疗保健技能和知识	10	20.8	
	轮椅等实际物资	5	10.4	
助学需求	学费资助	23	67.6	34
	课业辅导	6	17.6	
	解决择校问题	3	8.8	
	考研等信息咨询	2	5.9	
就业需求	就业信息	33	45.8	72
	工作岗位	17	23.6	
	就业培训	8	11.1	
	灵活就业	14	19.4	

另外，关于被调查者心理情绪状态的调查，以及在访谈过程中服务对象表现出来的情绪状态，得出很多家庭成员存在一定的情绪问题，对现在的生活状态不满意，对事物的看法呈现消极态度，生活中遇到不顺利的事时不能沉着冷静并且不能想办法采取有效措施去应对。有部分家庭由于家庭成员情绪问题引发家庭关系失衡，社会交往缺失，这部分家庭希望改善家庭关系、增强内部支持。

综上所述，贫困家庭的需求主要集中在医疗帮扶、学业救助、残疾帮扶、就业及技能提升帮扶和心理帮扶上。

二　明确每户家庭的介入重点

社工根据每个帮扶家庭现状，开展需求评估，并在督导的协助下确定每户帮扶对象的帮扶重点。在前期入户访谈基础上，社工基本把握了解每户家庭的大致生态系统，考虑帮扶家庭现状并在社工能力所及的范围内，进一步明确了每户家庭的帮扶重点。

项目按照帮扶对象的主要需求类型将帮扶家庭分为医疗康复、贫困助学、就业及技能提升、残疾帮扶、心理疏导五个类别，如图5－3所示。每个家庭确定一个重点帮扶类型，其他帮扶类型作为辅助。

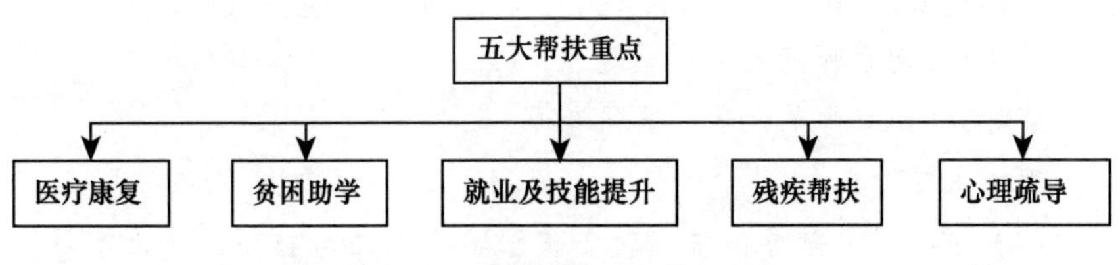

图5－3　项目明确五大帮扶重点

以下两个案例显示最初案主诉求及经过社工和督导评估后的帮扶重点。

帮扶对象：XW—HCQ家庭

社工：（南京师范大学）李敏

督导：（南京市社会科学院）董淑芬老师

案主主要诉求：

（1）物质需求。由于案主女儿做过两次心脏搭桥手术，家里现在经济情况比较拮据，案主本身体质较弱，没有工作，靠丈夫一人维持家里的开销。

（2）精神关爱需求。案主比较悲观，平时也不与邻居交往，比较自卑，生怕别人知道自己家的情况，怕传出去伤孩子的自尊心。

（3）教育需求。女儿明年就要高考，希望获取填报志愿方面的信息，帮助女儿选择适合的专业。

社工对诉求的评价:

(1) 社工主要关注案主综合能力的提升及家庭情况的改善，面对案主的经济需求，社工无能为力，这也不符合本专业的需求。

(2) 面对案主的精神关爱，社工在一定程度上可以满足案主的需求，帮助案主改善其对自身及其家庭的看法，帮助她重新定义对周围事物的看法，这有利于发掘案主本身的能动性，最大限度地发挥自身潜能，达到自己改善家庭状况的目的。

(3) 教育需求可以满足，根据孩子自身的兴趣爱好，通过收集各种资料帮助案主女儿选择合适的专业。

最后明确以心理疏导作为家庭帮扶重点，助学为辅。

帮扶对象：GL—GCY 家庭

社工：(南京师范大学) 王倩

督导：(南京师范大学) 匡强老师

案主主要诉求:

(1) 孩子课业辅导需求。教会孩子学习方法与技巧，端正学习态度，帮助孩子更好地完成作业，提高成绩。

(2) 就业需求。有可能的话选择更有利于照顾家庭的工作岗位。

(3) 经济需求。家庭经济困难，希望得到经济上的帮助。

社工对诉求的评价:

(1) 孩子课业辅导方面比较容易入手，属于合理诉求。

(2) 就业需求。也是比较合理的，作为单亲母亲，要照顾家庭，可以理解。

(3) 经济需求。目前看来存在不合理之处。GCY 阿姨反映家庭经济困难，但是据目前了解，她家的总收入，包括灰色收入也有一笔不小的数额，如果社区追根究底的话，GCY 阿姨现在享受的低保边缘可能也会被取消，这一点需要我再和阿姨沟通，希望阿姨能够明白，但是考虑到阿姨这种单亲家庭的实际情况，我还是希望社区和政府能够再多关心一下。

最后明确以就业及技能提升作为家庭帮扶重点，助学为辅。

第三节　开展多元资源链接

项目借助多元资源的力量助力贫困家庭的成长。资源链接主要分为两个阶段，第一阶段主要是体制内资源的链接，如人社、妇联、残联、市总工会职工援助服务中心等政府部门和群团组织的资源链接，第二阶段则主要是体制外资源的链接，包括社会组织、志愿者和爱心企业等方面的资源链接。如图 5 -4 所示：

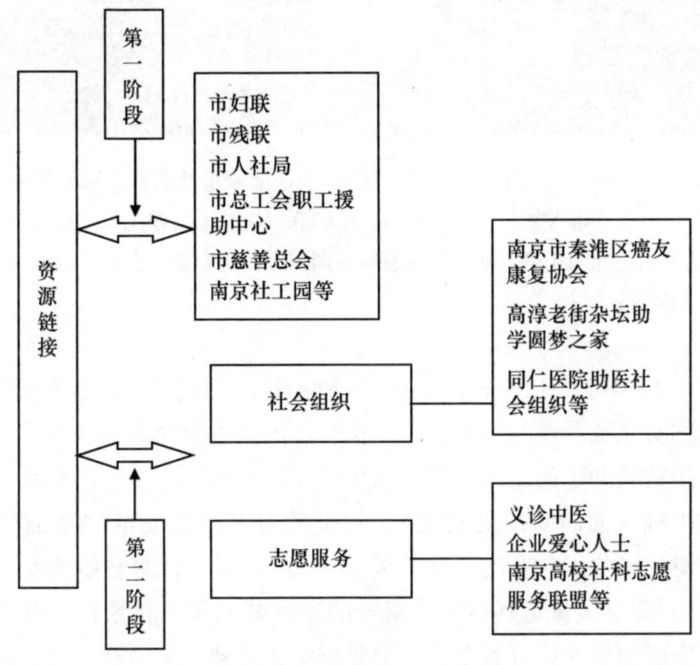

图 5 -4　资源链接阶段的多元资源联动

一　第一阶段体制内资源的链接

资源链接的第一阶段是与贫困群体密切相关的各政府职能部门及群团组织建立联系，包括市妇联、残联、市总工会职工援助服务中心、人社局、市慈善总会等，借助他们的力量，在职能部门的职责范围内解决我们帮扶对象的一些具体问题。比如项目办借助残联共同解决帮扶对象中残疾人的一些辅助工具及就业问题；借助妇联，尝试对单亲贫困母亲进行就业指导，以及参与针对贫困家庭子女的春蕾圆梦计划；借助市总工会职工援助服务中心，关注下岗失业人员的就业，并对多名帮扶对象进行技能培训等（见图5－5）。

图5－5　2014年12月24日上午，项目办在南京市社会科学院六楼会议室召开资源对接会议，市人社局、市民政局、市妇联、市总工会职工援助服务中心、南京日报社等相关部门人员、项目督导老师及项目办成员参加了会议，会议由项目办主任许益军主持

在2014年12月24日的资源链接会议上，市妇联王主任介绍，妇联在对妇女儿童所做的服务当中，扶贫济困是主要的方面，一是直接面向妇女发放救助金的“巾帼慈善助困”公益活动；二是春蕾救助、春蕾圆梦工程（面向职教班女童）；三是针对贫困妇女的“两癌筛查”；四是针对郊区贫困儿童的“兆兰爱心小屋”；五是针对贫困妇女的“轮椅项目”。为贫困家庭提供就业指导的家庭驿站服务体系已经建立，单亲贫困家庭创就业也得到支持，主要集中在月嫂、家政这一块，重点放在培训和职业介绍方面。市总工会职工援助服务中心陆主任介绍，市总工会职工援助服务中心致力于为广大困难职工提供帮扶、法律援助等服务，现有四个部门13个窗口，涉及职业介绍、培训、小额创业贷款等，还有针对职工困难程度提供生活资源、轮椅等资源的“爱心帮扶大市场”。市人社局吴处长介绍，人社系统针对的主要是就业培训，一是采取就业技能培养、给企业社保补贴等形式开展就业援助，同时针对困难家庭子女提供大学生就业保障，可以在社区、街道申报这一福利；二是社保方面，大病医疗报销比例提高，上不封顶。南京日报社马主任结合项目,分享以下六个方面的资源，一是可以从区县申请“救急难”；二是去市慈善总会申请慈善光明行动、圆梦行动等，可一次性获得学费补贴；三是到各区残联系统去申请帮扶行动；四是针对残障人士，在灵活就业方面，有“庇护工厂”；五是可以联系新街口街道社区资源；六是可以联系社会组织。本次资源链接会议，进一步明确了资源链接途径，督导老师各负其责，以五类帮扶重点为基础开展资源链接活动。

随后以项目督导为主导，分别跟不同的扶贫相关政府职能部门或群团组织建立联系，尝试从不同的维度为帮扶对象建立资源链接。督导朱考金老师与市妇联建立联系，在玄武区尝试“春蕾”救助，面向两名职教班女童启动申请救助流程。督导董淑芬老师与市残联建立联系，市残联一是给了每个区负责残疾人就业的就业科科长联系方式，具体的残疾人就业方面的问题可以跟他们直接联系；二是调研走访了当时做得比较好的两家助残机构——鼓馨和宁馨，摸清了两家机构的特色及对进机构残疾人的具体要求，便于以助残为主的社工进行资源链接（详见第九章助残内容）。督导宋巨盛老师与市总工会职工援助服务中心建立联系，一是可以参加工会提供的社区免费或少费（帮扶对象有需求的该经费由项目提供）培训；二是合力解决少量困难职工“不挑不拣”就业问题（详见第八章助业助技内容）；等等。

二 第二阶段体制外资源的链接

资源链接的第二阶段是与社会组织、志愿服务及爱心人士建立联系，与他们合作为贫困家庭提供帮助，如借助南京市秦淮区癌友康复协会的志愿者与帮扶对象中的癌症患者进行一对一上门心理疏导，借助企业爱心人士开展爱心助学，跟南京高校社科志愿服务联盟合作，继续医疗康复及其他方面志愿服务需求等。

其中督导许芸老师跟南京市公益创投协会建立联系，摸底南京市的各类社会组织，后来联络上草根助学组织——高淳老街杂谈助学圆梦之家，为南京市高淳区两户低保家庭子女（一个五年级，一个七年级）提供长期的助学资金（一直供到他们高中毕业）（详见第七章助学内容）；督导匡强老师与志愿医生建立联系，就近开展了一对一上门服务（详见第六章助医内容）；督导董淑芬老师与秦淮区癌友康复协会建立联系，由秦淮区癌友康复协会的志愿者为项目帮扶对象中有帮扶需求的癌症患者提供一对一癌症知识普及及心理疏导（详见第六章助医内容）；后期项目办在市慈善总会的支持下链接到三位企业爱心人士，为有助学需求的帮扶家庭提供捐资助学（详见第七章助学内容）；项目办跟南京高校社科志愿服务联盟建立联系，希望借助南医大和中医药大学的学生志愿资源，为帮扶对象中的医疗康复人群做一些后续服务；等等。

第六章

助　医

本项目 72 户帮扶家庭中，被调查者的身体健康状况分布如下：体弱多病的有 11 人占 15.3%，长期患病的有 21 人占 29.2%，重大疾病的有 16 人占 22.2%。项目中的医疗救助对象多为特重大疾病患者，比如白血病、癌症、精神病患者等，因病尤其是特重大疾病是导致家庭长期贫困的主要因素。从社会工作的角度讲，贫困群体的治病需求本身是专业社工做不了的，项目能够介入的主导角色是链接资源进行医疗疏导。本章在梳理城乡医疗帮扶资源的基础上，重点分析了项目医疗帮扶的介入方式及其典型案例。

第一节　城乡医疗帮扶资源

城乡医疗帮扶资源主体集中于人社部门、卫健委等政府职能部门和群团组织——工会，从市场系统来看集中于医院系统，包括各大医院及基层社区医院，医学类社会组织及懂医的志愿者也开始发挥作用。新农合在农村医疗中扮演着重要角色。

一　职能部门和群团组织的医疗帮扶政策

职能部门和群团组织的医疗帮扶资源分散在以下三个主要部门。

（一）卫健委实施新农合、开展重大疾病保障、计生特困家庭扶助和疾病应急救助

卫生健康委员会（2018 年底更名，原卫生与计划生育委员会）是全市负责医疗救助的主要部门，2016 年全市医疗救助补偿约 55 万人

次，救助金额达7467.4万元。一是实施新农合。2016年全市有7个区实施了新农合，参合人数170.9万人。2016年新农合共筹资14.8亿元，政策范围内门诊和住院费用报销比例分别达到50%和78%。二是开展重大疾病救助。全面开展了对农村儿童白血病和先天性心脏病等20种重大疾病保障工作，补偿比例达到定额或者限额费用标准的70%，对符合救助条件的患者再给予医疗救助，救助比例达到定额费用标准的20%。三是做好计划生育特殊困难家庭扶助工作。全市共有计划生育特别扶助人员10996人，其中独生子女死亡对象5122人，独生子女伤残对象5874人。将计划生育特殊困难家庭纳入家庭医生签约范围。四是开展疾病应急救助工作。根据《南京市疾病应急救助基金管理暂行办法》，2014年以来的三年，市卫生与计划生育委员会共为431名患者支付应急救助基金223万余元。

（二）人社在医保基础上开展“二次报销”

针对低保、低保边缘户及建档特困职工等特殊贫困群体，人力资源和社会保障部门在全市医保范围基础上，开展“二次报销”，目前南京市这部分贫困群体住院费用的报销比例达85%，取消年度救助封顶线。将因病致贫人员纳入医疗救助范围，2016年城乡医疗资金支出约1.8亿元。

（三）工会为建档特困职工开展“二次报销”及开展职工互助互济

2016年初工会和市民政局、人社局联合发文，落实特困职工的医疗救助政策，将市、区两级的特困职工全部纳入医疗救助对象范围，享受医药费“二次报销”的政策待遇。南京市职工互助互济会的功能近年来逐步显现出来，切实保障了职工因突发重大病而产生的经济困难。据统计，全市先后有3000多家基层单位的近70万职工参与了职工互助保障活动，2019年支付各项互助保障待遇3560万元。市职工互助互济会代表全体互助会员，向3081名特困互助会员合计发放了340万元的特困互助会员慰问帮扶金，为436名市级特困职工及时办理了爱心援助医疗保障计划。

二 医院系统：大医院和基层社区卫生服务中心

当前中国医院系统是公益性和市场化并轨运行。医院尤其是公立医院，是政府投资举办的，负有向居民提供基本医疗保障的公共职能，属于公共部门，具有公益性。早在 2013 年，《南京市国家基本公共卫生服务免费项目一览表》公布，面向全体居民免费提供最基本的公共卫生服务。在医疗卫生方面，南京市加强基层卫生中心（站）、卫生室标准化建设，已经形成覆盖城乡居民的公共卫生服务、医疗服务、医疗保障和药品供应保障，建立起有效运行的分级医疗和双向转诊制度，率先在全国同类城市中实现医疗保险制度的全覆盖。2018 年末全市拥有 2801 个卫生机构，其中医院 222 个（其中综合医院 101 个，中医院、中西医结合医院 30 个，专科医院 62 个，护理院 29 个），社区卫生服务中心（站）481 个，疾病控制中心、卫生防疫站 17 个，全市实有床位数 49448 张，卫生人员 72304 人［其中卫生技术人员 60300 人，执业（助理）医师 20407 人］。[①] 95% 以上的南京居民步行 10—15 分钟就可到达社区卫生服务中心（站）。

优质医疗卫生服务资源主要集中于大中型医院，基层社区卫生服务中心（站）的医疗卫生资源相对薄弱一些。对于贫困群体尤其是患有重大病的帮扶对象来讲，在重大病发作期间需要到大中型医院进行治疗和恢复，而在重大病康复期—病情稳定阶段，仍然需要一定的医疗咨询和心理疏导服务，这对于病人及其家庭的正常生活有很大的影响。有些大中型医院或医药企业为体现社会责任，设有慈善公益部门或基金会，专门负责部分求助贫困群体的救助工作，如江苏省人民医院成立江苏仁医基金会，南京鼓楼医院设有医学发展医疗救助基金会（简称南京鼓楼医院基金会），江苏轲非平医药有限公司设有轲非平公益基金会等等。而基层社区卫生服务中心（站），在笔者看来更适合开展针对贫困帮扶对象的定期医疗咨询和心理疏导服务，主要原因在于基层社区卫生服务中心（站）通常距离帮扶对象家庭近，而且中心医护人员不像大中型医院那样业务繁重，能够抽出一定的时间来进行定期家庭走访（其角色类似于家庭医生），开展针对需求的帮扶服务。南京市近两年正在开展的家庭医生签约服务，通过家庭医生为签约居民在线提供健康咨询、预约转诊、慢性病随访、健康管理、延伸处方等服务，这种做法非常适合

① 数据来源：《南京统计年鉴 2019》，中国统计出版社 2019 年版，第 345 页。

于贫困家庭，让贫困家庭能够尽早享受到家庭医生签约服务。

大爱之行项目针对有医疗需求的帮扶对象，尝试过链接医院资源——如与南京××医院外联部联系按帮扶对象需求开展“上门服务”，因需求不聚焦，过于多样化且帮扶家庭距离太远而被拒绝。现在回想起来，如果尝试开展针对医院所在区的某一类帮扶病人开展“上门服务”可能更具有可行性。对于帮扶对象的个别治疗需求，如由社工王倩负责的案主GL—SJY先生，56岁，高中学历，离异，与儿子生活在一起。本人腿部血管堵塞已有35年，腿部已经溃烂，一直无法工作，有过创业经历。现在的经济来源是和儿子两人每月共享受低保960元，家庭欠债2万元，每月大概花销1300元，主要是孩子的补习费。目前家庭最大困难是医药费问题及孩子之后上大学费用。家庭居住在老旧平房社区，室内拥挤，房屋摆放杂乱。督导匡强老师认为该家庭确实贫困，在鼓楼区所有探访家庭中是最困难的，案主腿部已经有脓肿溃烂现象，属于有病未医治或无法医治的类型，建议在大病救助方面给予必要的支持。督导在项目后期阶段链接上了医生资源，医生愿意出面开展诊断，制定后续的医疗方案。项目办也很关注该家庭的困难情况，但是出于治病的后续不可预测性后果，认为治病救人超出了项目范围，最后否决了请医生上门进行治疗的方案。

三　医疗卫生类社会组织及医学志愿者

针对有医疗需求的帮扶对象，项目重点与癌友康复协会和志愿医生合作开展了医疗咨询和心理疏导服务。南京综合性的有一定规模的医疗卫生类社会组织有南京医药行业协会、南京医疗器械管理协会、南京医学会（南京医师协会）等，南京各大医院有志愿医生团队，南京医科大学、中国药科大学、南京医学院等高校也有大量的学生志愿者团队。针对某一类病人群体，还有各种协会，如南京癌友康复协会等。

第二节　与癌友康复协会合作

南京癌友康复协会成立于1995年5月，是南京地区癌症患者和对癌症康复事业有重要贡献人士组成的群众性社团组织，业务主管部门是南京市卫生局。南京癌友康复协会组织机构健全，11 个区均成立了下属活动中心，南京地区各大医院 20 多名肿瘤专家和医务工作者被聘任为顾问。协会致力于科学抗癌，每年举办 3—4 期新入会会员的康复学习班，请专家讲解癌症治疗和康复知识，并组织新会员互相交流、学习抗癌经验、健身气功等。协会还定期举办会员健身运动会和文化艺术节。协会还有自己的艺术团，经常为会员演出和深入社会进行抗癌宣传，还多次参加了全国和长三角地区的癌症康复组织文艺汇演。协会积极引导和组织会员开展科学健康、丰富多彩的康复活动，探索“群体抗癌”“医患结合”“心理治疗”等适合中国国情的癌症康复之路。

癌友康复协会的宗旨与大爱之行项目医疗咨询和心理疏导服务的目标是完全一致的，因此项目办与秦淮区癌友康复协会进行了接洽，请秦淮区癌友康复协会主任赵双玲带领下的多位志愿者参与了项目的医疗咨询和心理疏导服务，他们针对不同类型的癌症患者，安排不同的志愿者，如肺癌志愿者帮扶肺癌患者，乳腺癌志愿者帮扶乳腺癌患者等，在社工或者项目办人员的陪同下开展上门服务。

大爱之行项目帮扶家庭中共有 9 名癌症患者，除个别病患仍然处在自我封闭的心理状态中，患病后不愿意让外人或者邻居们知晓，拒绝了癌友志愿者的医疗咨询和心理疏导服务外，大部分癌症帮扶对象接受了癌友志愿者的上门服务。癌友志愿者以癌症病人的身份，现身说法，上门服务的主要内容包括讲解科学抗癌理念，生活注意事项，积极的生活态度，处理好家庭关系，链接当地癌友康复协会资源，鼓励参加癌友康复协会活动等，向癌症帮扶对象传递科学抗癌理念，增强其对生活的信心和希望。具体助医案例 1 分析如下。

助医典型案例 1

帮扶对象：LS—WAM 家庭

社工：（南京农业大学）刘浩

督导：（南京市社会科学院）任克强老师

（一）案例介绍

案主 WAM，男，45 岁，患有胃癌，切除手术后恢复期，有后遗症，会突然抽搐、晕倒，不能外出劳动。手术后虽使病情暂时得到缓解，但身体羸弱无法通过劳动为家里增加收入，而且还需要一直服用昂贵的药物。目睹着家中的衰退而无能为力的他，渐渐地将原因归结为自己，认为自己是拖累，产生了不良的情绪，甚至因此使夫妻关系变得紧张。案主的妻子是家中的唯一劳动力，但是因为要照看丈夫而无法找到合适的工作，只能靠零工挣点家用。同时妻子因为村中的流言蜚语和丈夫的负面情绪，精神上受到很大的压力。案主的儿子在上小学时学费一直受到社会的资助，但升入初中后就断掉了。孩子今后的学费对于案主家也是一笔不小的经济负担。目前家庭已经申请到了低保。

（二）需求评估

为了解案主的详细情况和具体的需求，在介入之前，大爱办溧水区小组在当地民政局的帮助下进入案主家进行实地调查。在调查过程中，我们采用了半结构访谈和问卷调查的方式向案主、案主的妻子、所在社区工作人员、民政系统的工作人员收集了相关资料，并进行了录音。通过我们小组内部的讨论和分析，我们将案主的问题归结为以下几个方面：在精神方面，案主WAM和妻子的情绪在案主患癌症和之后的治疗恢复过程中产生了许多负面的变化，这对于他们个人，甚至整个家庭都至关重要；在生活方面，妻子作为家中的唯一劳动力，急需一份适合她这种特殊情况的工作；在经济方面，案主的日常医药费用和孩子升入初中后产生的学习费用对于家庭来说是个巨大的负担。

社会工作是一个助人的过程，在帮助案主解决问题过程中不可能一蹴而就，因此我们溧水区小组在开展介入计划之前针对案主家不同的问题，结合急迫、难易、可操作性等因素将案主的需求进行了先后的分类，并以此为依据将介入计划分为了不同的阶段。以下是我们计划的介入过程的三个阶段：首先，我们认为帮助案主和妻子改善如今的情绪是从根本上帮助这个家庭摆脱如今困境的关键。通过改善妻子的情绪可以帮助妻子在生活中向案主树立起一个积极的形象，这不仅有利于案主改善情绪，也可以帮助妻子摆脱他人的闲言碎语，全身心地投入到改善家庭的生活中去。通过心理辅导帮助案主丢掉自己是家庭负担的包袱，重新树立起正确、积极的价值观，在生活中保持良好的心态，不仅有利于案主病情的康复，也有利于缓解妻子的压力和夫妻之间的矛盾。其次，我们需要向案主的妻子提供寻找合适工作的方式。社会工作不同于直接的慈善捐助，追求的是助人自助的服务理念。因此考虑到案主家目前的特殊状况，我们将尽力为案主的妻子提供获得工作的方式，帮助她们通过自己的力量改善如今的经济困境。最后，针对案主孩子的学费问题，我们将与过去资助过案主儿子的组织或个人取得联系，并向学校争取一些优惠政策。

（三）介入过程

首先，针对案主及妻子开展了医疗咨询和心理疏导服务。我们采取心理社会治疗模式（该模式认为理解一个人不能够仅仅从生理因素出发，还必须充分考虑到心理和社会这两个重要因素。心理社会治疗可以分为直接治疗和间接治疗两大类。其中直接治疗指的是直接对案主本人开展治疗活动，间接治疗则指的是不直接对案主本人进行治疗，而是通过对案主本人生活的环境进行改变，从而达到对案主本人进行治疗的活动）进行了介入。为了帮助案主及其妻子改善情绪，我们不仅直接通过与案主进行面对面的访谈，而且联系了与案主生活息息相关的社区工作人员和附近的邻居亲友进行了相关的访谈工作，试图通过案主的环境系统帮助案主改善情况。同时通过项目办我们联系上了南京市秦淮区癌友康复协会志愿者，并协同志愿者一同去案主家中进行了医疗咨询和心理疏导服务。癌友康复协会志愿者张春文以肺癌病人的身份，现身说法，向案主传达科学的癌症知识，世界卫生组织等国际机构已经把癌症定义为一种慢性病，要做好与肿瘤长期共存的打算。肺癌病人的日常饮食有哪些注意事项，要能管好自己的生活，减少家庭负担。志愿者也向案主介绍了癌友康复协会的情况，并把溧水区癌友康复协会的联系方式交给案主，可以找一些后续帮扶资源，鼓励案主参加癌友康复协会的一些活动等，增强案主对生活的信心。

其次，帮助案主妻子就业，缓解家庭经济压力。案主的妻子几乎将整个家庭的生活重担背在自己身上，一些细小的负面影响都会给她带来巨大的压力，因此在介入过程中我们需要时刻关注案主妻子的情绪，一直充当支持者的角色，用沟通去帮助她缓解压力。最后在项目办的帮助下，通过溧水区和凤粮油协会联系到了溧水区的劳动保障所帮助案主的妻子进行了登记，劳动保障所答应在有合适的工作机会下优先考虑案主的妻子就业。

最后，针对案主儿子的学费问题，在项目后期，项目办通过南京市慈善总会联系上三名爱心企业家，愿意为项目中所有有助学需求的家庭开展捐资助学，持续两年为案主儿子资助了学费（第一年捐助2700元，第二年捐助增加至4000元，因案主儿子在学校表现优秀还奖励了600元）。

（四）介入评估

在大爱之行项目的帮扶之下，案主WAM及其妻子的个人情绪问题得到了积极的改善，也成功为案主妻子提供了获得工作的有效渠道。在对案主一家的满意度调查中，案主WAM由衷地表达了他对大爱之行项目帮扶行动的感谢，并对项目在帮扶行动过程中的工作方法、服务态度、自身状况的改善非常满意。虽然家庭的经济状况没有得到立竿见影的改善，但是他与妻子都树立起积极的精神状态，有信心通过自己的努力来改善自己的家庭状况。在整个介入服务过程中，社工和项目办为了更有效地帮助案主摆脱困境，积极地调动各方资源。在溧水区当地，我们与溧水区民政局的相关工作人员、案主所在自然村的社区工作者和村官都一直保持着密切的联系。在南京地区，溧水区小组在项目办的帮助之下，成功地与秦淮区癌友康复协会志愿者和溧水区劳动保障所取得了联系，后期链接到爱心企业家资源，为案主一家改善贫困现状提供了宝贵的资源（见图6－1）。

助医典型案例2

帮扶对象：GL—LYF家庭

社工：（南京师范大学）孙露露

督导：（南京师范大学）匡强老师

（一）案例介绍

案主LYF，男，53岁，三口之家。案主患胃癌13年，2015年4月，病情复发，癌细胞转移到肝、肠部位。疾病复发后，动了手术，现在健康状况有所好转，但还处于休养阶段。因为手术，目前家中已欠债四五万元。妻子身体状况也不大好，患有乳腺癌，现在打零工，每月有

图6－1　2015年5月12日，项目办董淑芬老师和社工尹亚运陪秦淮区癌友康复协会志愿者张春文到溧水区帮扶对象家中做医疗咨询及心理疏导。图为癌友康复协会志愿者张春文与帮扶对象的合影（拍摄者：董淑芬）

1800元左右的收入。儿子目前在公交车公司实习，还没有正式工资。

（二）需求分析

通过访谈，我们了解到案主家庭的需求主要有以下几个方面。

（1）身体医疗方面：案主现在每天仍然在用药，医疗方面原来主要靠职工医疗保险，现已经退休，医药费无单位报销。病情复发后，案主的胃癌转移到肝、肠。案主在中天医院治疗，开刀切除一段结肠。现在听说上海一家医院治疗肝、肠这方面的癌症比较好，所以想去上海化验、治疗。需要一些更加准确、权威的治疗信息与方案。

（2）经济方面：案主家庭的主要经济来源是案主每月1700元的退休金和妻子打零工挣的钱。案主10年前在塑料厂上班，退休金每月1700元。妻子打零工，每月有1800元左右的收入。案主的儿子现在在公交公司实习，大约9月才能下车队，工资不高。原本家中也只能勉强承担医药费用。病情复发开刀后，家庭欠债四五万元，已经无力承担后面的治疗费用了。现在家庭的医药、日常生活等开销每月约5000元，而医药费报销比例是15%，同时每天服用的中药费用对这个家庭来说仍然十分高昂。

(3) 情绪方面：病情复发之前，案主的情绪还是很开朗的，也很愿意接纳社工、社区工作人员的探访，一直还想要积极地找工作。病情复发后，情绪十分低落。开刀后，在家中休养，处于觉得自己“要死了”的消极状态。所以想要找到南京癌友康复协会之类的组织，能够为案主提供一些情感上的支持、有用的医疗信息。为全家减轻一些心头的压力与负担，积极地去面对、减压。

(4) 案主就业问题：案主在自己身体稳定时还积极找工作。案主10年前从塑料厂因为患病退休，退休前是高级电工。善于维修，也乐意帮忙。常常帮邻居修修小电器。不过因为今年病情复发，就业问题不再是首先要解决的问题。

案主病情复发后，案主家庭最大的困难从医药费问题、住房改善以及儿子的工作问题变成了案主的治疗问题、医药费问题。同时案主的情绪十分低落、消极，不利于案主的休养、治疗。

(三) 介入过程

(1) 精神和心理支持。社工扮演的角色是引导者及专家。一方面，社工不断通过电话访谈和入户了解案主的情况变化，给予案主精神上的鼓励，渐渐案主对于社会工作介入由之前的怀疑、尝试到最后的接纳、欢迎；另一方面，社工通过引导的方式使案主认识到社区工作人员对他们的关心，社区工作人员与服务对象积极互动经常关心案主的身体和精神变化。同时，依靠项目组的力量，我们联系到南京秦淮区癌友康复协会的志愿者们，由有着相似经历的病友、“战友”们鼓励，案主从开刀后的低落、消极中走出来，并且主动打电话给社工要求与南京市鼓楼区癌友康复协会联系。

(2) 身体医疗方面支持。从鼓楼区癌友康复协会入手，癌友康复协会也与上海的一些医院有联系，如果案主想要去上海治疗，也多一份支持。同时有一些医院专家构成的志愿者队伍，更能给案主提供权威的、详细的治疗与康复信息。

(3) 医疗费用方面支持。社工扮演的角色是倡议者及协调者。从案主社区主任那里得到反馈，在鼓楼区民政负责人郑科长以及社区工作人员的帮助下，正在积极针对案主的情况努力为案主争取政策的帮助。对于后续入户案主反映的病情问题，大爱办也在积极寻找医疗资源进行有效帮助。同时积极挖掘案主家庭自身力量，我们一直关注案主妻子和儿子、其他家人的就业、身体状况，让这个家庭减轻些心理上的压力。

（四）介入评估

（1）案主状态改善情况。因为今年案主病情复发后情绪低落、思想较消极的这一变化，当前阶段主要问题是增加案主的交流，不论是家人间的还是病友间的、与医生之间的。同时，通过这些交流、畅想，使得案主心理状况得到改善，通过社工与南京癌友康复协会志愿者的努力、介入，案主对社区工作人员呈现客观的评价，案主心态发生很大改变，由之前的低落与消极到之后的接纳欢迎，甚至主动打电话联系社工、联系南京市鼓楼区癌友康复协会。案主精神上有了很大改善，心态越来越积极乐观。介入后社工认为案主家看病依旧是个问题，虽然案主现在基本状态还是术后在家休养，心态开朗起来，但是对于出现的身体情况仍然需要有医疗资源的帮助以及经济支持来继续后续的治疗。

（2）案主对社工介入的满意度。社工的第一次入户案主对社工还是持欢迎但迟疑的态度，几次入户帮扶、工作反馈、心理疏导及电话慰问后，案主对社工的认识越来越清晰，给予了案主很多帮助和资源链接。案主对社工的帮扶表示满意，对社工的帮扶表达了感谢，期待和欢迎社工再次入户。同时，对于与社工一起入户的南京市癌友康复协会的志愿者张春文，案主也是十分的感谢。

（3）调动及使用资源的情况。整个活动得到很多方面的支持，如大爱之行项目办、鼓楼区民政局、南京市癌友康复协会、社区工作人员、社工督导等多方面的支持。通过多方的共同配合使得帮扶行动顺利有效地开展，取得了不错的成效。但是还有需要进行资源链接来解决该案主家庭的医疗费用问题以及案主的治疗问题。

（4）社工能力提升情况。参与这次大爱之行项目，社工能力有了多方面的提升。大爱之行项目为社工提供了一次理论实践机会，将更多的理论运用到了社工实务上，通过一次次入户和电话访问，在帮扶过程中很多理论、方法及技巧都在实践中得以运用。大爱项目为社会工作的开展提供了资源链接，社工本身觉得这是一个很好的展示资源调动和社会参与的机会，在过程中看到案主的变化感到很欣慰，同时也告诉我们社工一些帮扶活动并不是一项资源或者一名社工可以解决的，解决问题的关键是资源的调动和服务对象的配合。通过大爱之行项目，社工也可以了解更多的社会资源，了解社会组织的参与程度，例如癌症的服务对象，可能在民间社会组织中会有癌友康复协会这样类似的社会组织，虽然社会组织提供的资金支持可能不足，但是他们可以为服务对象提供心理上和精神上的支持，用社会组织的成功案例鼓励服务对象。社工在大爱之行活动中更多的是学会了如何更好地利用外部资源来改善案主自身状态。

第三节　与志愿医生合作

项目办通过开展志愿医生招募，联系上秦淮区社区医院的志愿中医赵杨，赵杨医生在大致了解有帮扶需求的帮扶对象现状的前提下，同意上门开展医疗咨询和心理疏导。志愿医生的具体作用，体现在比社工更了解病情，对医疗方面的指导更具有针对性和权威性，既能让帮扶对象更好地认识病症，也能起到心理疏导的功能。具体见助医案例 3 的详细分析。

助医典型案例 3

帮扶对象：QH—HC 家庭

社工：（河海大学）孙娇

督导：（南京大学）任正臣老师

（一）案例介绍

案主父亲（案主本人因患病无法进行交流，由其父亲代为诉说）：我儿子原来聪明懂事，在 2008 年研究生即将毕业那年，查出罹患脑瘤后，身体每况愈下，现在生活已经无法自理，我感觉我的整个家庭都已经完了，儿子治疗花了很多钱，进行了多次手术还是没有改善。我妻子在家全职照顾儿子，我的收入也不高，各方面的压力都很大，以后更不知道要怎么过了。我家只有低保救助，没有别的救助。我希望可以为我儿子联系相应的康复治疗机构，以便进行康复治疗。

（二）需求分析

需求集中在两个方面：

一是医疗康复需求。对案主本人，案主父母希望提供一定的康复治疗资源，想尽一切办法解救生活无法自理的儿子。

二是家人的心理疏导需求。案主对社工的介入持欢迎态度，但是其家庭的精神负担太重，父母觉得自己在为儿子求医的过程中有过错才导致儿子目前现状，他们的心理压力亟须改善。

督导任正臣老师也建议，要深入了解案主的需求，制订服务跟进计划，在可能的情况下借助政府及社会的力量为其儿子提供康复医疗服务。

（三）介入过程

前期进行了几次入户，主要跟案主的父母进行沟通交流，深入了解案主以前是个优秀的人才，曾经写有专著。罹患脑瘤后进行过一次手术，父母选择了一种手术方式，结果出现了后遗症，后来发展得越来越严重。父母常常很自责，认为孩子的病情跟自己当初的选择有关。作为社工前期主要做了一些心理疏导工作。项目资源链接阶段，项目办链接到的志愿医疗资源，督导匡强老师（负责医疗资源链接）与秦淮区社区医院的志愿医生赵杨取得了联系。赵医生在了解案主的基本情况后，同意入户进行现场的推拿和中医护理指导。与案主、社区工作人员约定好时间之后，义诊医生的入户指导非常顺利。赵医生告诉案主父母，脑瘤手术是有一定的风险，而且他们的选择是通常的积极性选择，不必再为此内疚难过，他们现在就是要安心工作，在孩子还活着的时候好好地陪着他。同时赵医生还提供用手拿“球—象棋—小象棋—豆粒”层层递进的康复训练方案，并对患者家庭成员示范推拿技巧。患者的父亲说：“有很多推拿手法我学过，但都是看别人做自己也跟着做，经过医生的指导明白了很多地方自己的手法不对，不仅没有给孩子帮助，还产生了不好的效果，谢谢赵医生的亲身指导和指正，也谢谢社工为帮助我们所做的努力。”临走时赵医生留下联系方式，让案主父母有事可以随时跟他联系，也可以到社区医院找他。

（四）介入评估

在项目办督导和社工的引导下，这次志愿医生入户的医疗康复指导效果很好，案主父母在之后的生活中经常按照医生的嘱托给案主进行推拿，而且医生对案主父母关于病情的分析和安慰非常有效，案主父母的焦虑情绪有明显好转。案主父母表达了对大爱之行项目团队带来帮助的谢意，对社工在帮扶行动过程中的工作方法、服务态度、自身状况的改善表示满意。案主父母表示会积极地活着，努力改变家庭生活的氛围（见图6－2）。

图6－2　2015年4月18日，项目督导匡强老师和项目办社工王倩陪同志愿者赵杨医生到秦淮区帮扶对象家中为罹患脑瘤的帮扶对象做医疗康复指导（拍摄者：王倩）

第七章

助　　学

助学帮扶是本项目的重点之一，也是本项目取得的较为显性的成效。在直接询问致贫原因的问题中，有 8 人回答供子女上学致使家庭贫困；从 72 户贫困家庭的整体经济负担来看，子女上学带来的经济负担仅次于医药费负担排到了第二位，有 32 人属于该种情况。大爱项目助学帮扶在资源链接阶段，项目办先后联系到市妇联，示范“春蕾圆梦工程”申报流程；联系草根社会组织为高淳区两户案主家庭子女提供长期的助学帮助；在市慈善总会的引荐下，联系到南京市三位企业家为项目中 12 户贫困家庭的 14 名学生提供为期两年的爱心捐资助学。

第一节　城乡助学帮扶资源

城乡助学帮扶资源主体集中在教育局和市妇联、共青团等政府职能部门和群团组织，社会上助学组织有不同层级的慈善总会、各类基金会，还有一些社会组织、企业家和社会爱心人士等参与捐资助学或结对助学。

职能部门和群团组织的助学帮扶资源分散在以下三个主要部门。

一　教育局总体负责家庭经济困难学生的助学

教育局主要侧重对南京市经济困难家庭的子女进行助学，建立起覆盖学前教育到高等教育的学生资助政策体系，具体包括学前资助、义务教育阶段资助、普通高中资助和江苏省大学生资助。以义务教育阶段资助政策为例，学生资助对象包括 11 大类：（1）城乡最低生活保障家庭子女；（2）建档立卡家庭经济困难学生；（3）孤儿；（4）低保边缘家庭子女（不含非本市户籍学生）；（5）农村低收入纯农户家庭子女（不含非本市户籍学生）；（6）残疾学生；（7）特困职工家庭子女；（8）革命烈士或因公牺牲军人及警察子女；（9）少数民族家庭经济困难学生；（10）特困残疾人家庭子女；（11）其他因突发情况致贫家庭子女。家庭经济困难学生享有教育费用减免政策和生活补助（助学金）政策。其中教育费用减免主要是免除小学和初中社会实践活动费及寄宿困难学生的住宿费。生活补助（助学金）政策中生活补助按照家庭经济贫困程度分为两档，其中：城乡最低生活保障家庭子女、孤儿和建档立卡家庭经济困难学生生活补助（助学金）标准按照市基本补助标准提高50%，其他家庭经济困难学生（幼儿）生活补助（助学金）按照市基本补助标准发放。义务教育阶段家庭经济困难学生生活补助，市基本补助标准为小学每人每学期750元，初中每人每学期1000元。南京市义务教育阶段家庭经济困难学生资助比例为在校学生总数的6%。针对品学兼优的家庭经济困难受助学生，还可以申请励志奖学金。

二　市妇联项目化援助家庭经济困难女学生

市妇联有三大项目涉及贫困家庭助学，一是实施“春蕾计划”、春蕾圆梦工程，主要服务职教班女童；二是推出“兆兰爱心小屋”项目，主要服务郊区贫困儿童；三是落实“妇女儿童阵地服务能力提升工程”，启动实施妇女儿童公益社工服务项目，主要服务困境妇女儿童。

“春蕾计划”是1989年中国儿童少年基金会发起并组织实施的一项求助贫困地区失学女童重返校园的社会公益事业。2008年开始，南京市妇联以精准帮扶为重点，开展了“春蕾圆梦工程”，将资助对象从九年义务教育阶段延伸到非义务教育阶段，帮助贫困家庭的女童完成职业教育、高中教育。20多年来，在社会热心人士的真情关注和大力支持下，市妇联共募集善款2043.5万元，通过组织春蕾夏令营，开设春蕾班，建立春蕾教室、图书室、卫生室和春蕾食堂，兴办足球种子学校，实施“一路阳光”校车行动、“七彩童年”生活支持、“同在阳光下”心理关爱服务等项目，精准帮扶特定群体，使近8万名儿童受益。覆盖全市城乡的“春蕾计划”“春蕾圆梦工程”，已成为南京市关爱儿童工作的知名品牌。[①]

早在2014年5月，全国妇联执委、苏宁环球集团总裁吴兆兰女士与南京市妇儿工委办创建“兆兰爱心小屋”，落地在南京市鼓楼、雨花台、江宁、六合和浦口五个区，每个区支持一个项目，每个项目5万元。2019年5月，“兆兰爱心小屋”精准帮扶项目重新设计启动，由吴兆兰女士每年捐赠50万元，资金存放于“江苏省妇女儿童福利基金会·宁姐阳光春蕾专项基金”，仍然面向鼓楼、雨花台、江宁、浦口、六合五个区区域内的困境儿童，通过建兆兰春蕾班（规定项目，资助150名儿童）、组织关爱活动（自选项目，对区内困境儿童组织开展包括课业辅导、心理疏导、安全引导、兴趣培养等各类关爱活动，资助50名以上儿童）和开展大病救助（统筹项目，由市妇联对项目实施区内的重大疾病儿童统筹开展大病救助项目，视病情给予1万—5万元不等的资助）等多类帮扶，惠及200余名困境儿童，最大限度地扩大了救助的受众面，助力更多的困境儿童健康成长。

为推进江苏省“十三五”妇女儿童发展规划，落实妇女儿童发展重点项目“妇女儿童阵地服务能力提升工程”，自2016年开始，江苏省财政厅、省妇联、省政府妇儿工委办公室联合在全省启动实施了妇女儿童公益社工服务项目，每年安排1000万元专项资金，重点为贫困妇女创业就业、困境儿童关爱、留守流动单亲妇女儿童民生保障等提供社会化、专业化支持和服务。南京市妇联为大力推进妇女儿童公益社工服务项目，向市财政申请了专项经费，对于已经入选的省级妇女儿童公益社工服务项目进行1∶1资金配比，同时扶持培育少量的市级妇女儿童公益社工服务项目。

三　共青团南京市委以希望工程为抓手助力贫困儿童

“希望工程”是团中央、中国青少年发展基金会以救助贫困地区失学少年儿童为目的，于1989年发起的一项公益事业。援建希望小学与资助贫困学生是希望工程实施的两大主要公益项目。共青团南京市委以

---

① 数据来源：南京市妇联《让爱汇成海　助春蕾圆梦》的春蕾计划介绍，时间2018年10月。

希望工程为核心抓手开启了一系列项目运作以救助南京市的在学贫困儿童和在宁流动儿童。

如2006年8月，江苏省、南京市希望工程办公室联手南京市福利彩票发行中心，出资50万元（其中南京福彩20万元），在宁正式启动了“南京福彩·希望工程百名贫困学子爱心助学行动”。在南京市范围内寻找并资助百名贫困大学新生。资助标准为4000元/人。申请人须具有南京户籍，来自城市低保家庭、农村。人均收入在1000元以下家庭或者是家庭生活条件困难的孤残青少年，并且没有获得其他奖学金、助学金资助。

2019年6月28日，南京市圆梦青少年发展基金会在共青团南京市委的指导下成立，致力于为南京市青少年发展赋能，提升和改善青少年成长环境，引领青少年关注社会、奉献社会。“发光的乡村”乡村儿童关爱行动——推动公平教育发展，让每位孩子的脸上绽放出发光的笑容；“凝聚青春”青年赋能行动——助力青年认识世界、改变世界；“助飞雏鹰”少先队公益成长行动——让更多的孩子接触公益、认识公益、践行公益；以及“圆梦公益行动”——助力学子“与新时代同行，圆梦我的大学”成为南京市圆梦青少年发展基金会的四个公益品牌项目。

助学典型案例1

南京市妇联的“春蕾圆梦工程”，主要面向职教班女童，具体要向各个区妇联分头进行申请，本项目选择了玄武区进行申请尝试与示范，因为玄武区正好由一名社工负责的两户家庭都有职教班在读学生，可以一并协助两名帮扶对象开展“春蕾圆梦工程”申请。

帮扶对象：玄武区WFZ家庭和YCQ家庭

社工：（河海大学）夏静

督导：（南京市社会科学院）董淑芬老师

（一）案例介绍

WFZ家庭，案主45岁，离异，腿有残疾，患有肾炎、糖尿病，享受低保与残联的实物资助。现以帮别人看门为生。其女儿今年17岁，读“3+2”大专（江苏广播电视学校，2018年更名为江苏传媒学校），活泼开朗，曾是青奥会的志愿者。

YCQ 家庭，案主 45 岁，生活能自理，享受低保和社区补贴，患有高血压。家有一位 80 岁的母亲和两个女儿。大女儿已成家，小女儿今年 17 岁，正在读中专（金肯职业技术学院）三年级，明年升民办大专。

（二）需求评估

WFZ 家庭，家庭很贫困，由于项目的帮扶方案和理念不涉及物质帮扶，所以案主希望社工能够帮助了解她女儿的学校江苏广播电视学校对于贫困生低保户的补助政策。案主也比较担心女儿毕业后的工作问题，希望社工在这方面给予指导和联系。

社工夏静认为可以通过向学校、社会保障专业老师咨询以及网络工具等渠道来咨询了解高校对于低保贫困家庭学生的补助政策。对于案主还有三年毕业的女儿，可以先跟其接触，询问其有关的就业意向，可以向她提供一些与其意向和所学专业相关的就业机会，或者是前辈们的经验之谈供她参考、学习和选择。

督导董淑芬老师建议帮扶的重点应放到案主读中专的女儿身上。可以考虑做江苏广播电视学校的工作，让学校在维护案主 WFZ 女儿自尊的前提下，减免她的学费、优先考虑她的就业等；也可以考虑做企业的工作，游说一家企业做公益解决案主 WFZ 女儿的学费问题。

YCQ 家庭，主要诉求有两个方面，一是协调女儿学费问题，二是希望就近就业。案主本人在社区会经常参加一些活动比如垃圾分类、志愿者巡逻等，但是没有一份稳定的工作，生活来源基本依靠低保和街道支持。

社工夏静认为对于案主女儿学费问题，可以从学校（金肯职业技术学院）入手，了解学校的困难生补助政策，是否可以减免学费，或者可以链接社会资源为其女儿捐助学费；对于工作方面，可以先从案主本人的能力、健康状况以及文化程度等来初步评估适合他的工作，再针对性地为他提供相应的工作资源和招聘信息，帮助他了解工作的性质，以便更好地为他自己争取到适合的工作机会。

督导董淑芬老师建议帮扶的重点可以有两个方面的考虑：一是在就近社区帮助案主 YCQ 找一份相对稳定的不需要重体力活的工作；二是帮助案主 YCQ 的女儿减免学费。可以考虑做学校的工作，让学校给她提供减免学费、优先考虑就业等方面的帮助；也可以考虑做企业的工作，游说一家企业做公益解决她的学费问题。

（三）介入过程

在项目资源链接阶段，由督导朱考金老师与市妇联的办公室主任接洽，深入了解“春蕾圆梦工程”，并与各区妇联家儿部建立联系。项目办决定在玄武区开展申请尝试与示范，由社工夏静具体负责协助帮扶对象实施“春蕾圆梦工程”申请流程。WFZ 家庭和 YCQ 家庭的共同特征在于助学都是两个家庭的帮扶重点，且两个孩子都在接受大专类高职教育，属于“春蕾圆梦工程”救助的范围，通过救助申请可以有效缓解两个家庭的现阶段困境。

据社工夏静的反馈，“春蕾圆梦工程”申请有固定的申请时间（一般放在每年开学前的7、8 月）和申请流程，要求比较严格。除要求填写好申请书外，还要到所在社区开具家庭贫困状况证明，到学生所在学校开具学生学习状况证明等，交给区妇联，经过层层审批后确定能否获得资助，资助金额是每年 500 元。社区开具家庭贫困状况证明相对容易一些，在让受助学生到所在学校开具学生学习状况及未接受资助证明时遇到了困难。虽然两个家庭的经济现状都比较困难，但是受助学生都对到所在学校开具证明有畏难情绪，她们不愿意自家的贫困现状让同学和老师们知道，觉得会被人瞧不起。社工夏静跟她们进行了沟通，了解了她们的真实想法并跟项目办进行了及时反馈。督导老师建议先尊重孩子们的想法，接下来再慢慢试着做做心理沟通工作。在项目资源链接阶段后期，项目办在市慈善总会的协助下联系上爱心企业家，愿意对项目中贫困家庭的子女开展全额学费助学。经项目办与社工夏静协商，将两个正在申请“春蕾圆梦工程”的孩子一起纳入爱心企业家助学，两个孩子收到了来自爱心企业家的全额学费资助，两年共计 1.8 万元（两个孩子一年合计 9000 元），极大地缓解两个贫困家庭因子女上学带来的暂时性贫困，两年后两个孩子将陆续完成学业走上就业岗位，有一定能力反馈家庭，两个家庭现有的困难将逐步缓解。

“春蕾圆梦工程”玄武区的个案申请示范，最后并没有进入组织审核流程，在资料完整情况下最后能否审核通过也待定。但是走一遍申报流程的意义在于通过社工的体验告知帮扶对象，一是在有符合“春蕾圆梦工程”助学条件需求的时候可以走这条路，即使项目结束也依然可以去申请；二是在申请过程中家庭要与上学子女以及社区和学校沟通好，尽量避免负面影响，不要让申请影响到孩子的正常学习和生活。

第二节 草根社会组织助学

大爱之行项目负责社会组织联络的来自南京财经大学的项目督导许芸老师，在资源链接阶段接洽了南京市高淳区高淳老街杂坛助学圆梦之家（以下简称高淳老街杂坛）这一草根社会组织，该社会组织于2007年2月在西祠胡同成立，由版主“老街大当家的”等7名网友组成，长期以来聚集了一群有爱心有担当的社会群众，开展慰问孤寡老人、烈军属、孤寡儿童等公益活动。12年来，先后打款资助贫困家庭学生就学871人次，同时对218名低收入未成年人进行心理疏导和精神关怀。高淳老街杂坛为捐助者和受助者搭建起一个爱心平台，形成了爱心义卖、网络募捐、网络结对等多种形式的助学活动。经过许芸老师认真负责的接洽，大爱之行项目高淳区帮扶对象中有助学需求的两个孩子成功转介给高淳老街杂坛，成为该草根社会组织的帮扶对象。

助学典型案例2

帮扶对象：GC—LDY 家庭和 GC—WP 家庭

社工：（河海大学）相海兰和姜荟文

督导：（南京邮电大学）崔效辉老师

助学对象1——GC—LDY 的儿子

高淳区案主 LDY，男，50岁，家里4口人，包括妻子、儿子和女儿。一年前患胶质瘤，进行了手术治疗，术后智力出现问题，生活无法自理。妻子50岁，小学文化，身体健康，目前在家务农，照顾生病的丈夫。女儿今年读大学三年级，三本院校，教育费用昂贵。儿子读小学六年级。LDY 以前是木匠，是家里的经济支撑，他的生病对这个家庭打击太大，经济无着落，现在家里唯一的经济收入为政府提供的低保。项目社工相海兰认为该家庭目前面临的最大困难是经济压力较大，把子女助学和案主助医作为家庭帮扶重点。

助学对象2——GC—WP的儿子

案主WP，女，小学文化，无业，离异且再婚生育一女。儿子12岁，上初一，与案主往来少，跟爷爷奶奶生活在一起，大爱项目期间爷爷因车祸意外去世，孩子变得沉默寡言。项目社工姜荟文认为该家庭最需要关注的是案主的儿子ZL，将对ZL进行心理疏导和助学作为帮扶重点。在爷爷去世后，经过项目社工的呼吁，在区民政的关心支持下，第一时间给ZL同学办了低保。

经过高淳老街杂坛的实地考察，确认两个帮扶对象家庭的真实情况符合中小学贫困家庭学生的要求（如必须是高淳区低保户且家庭确实困难），愿意为两个孩子提供从现在（一个小学六年级，另一个初一）一直到高中毕业考上大学前5—6年的学费资助，每年资助每个学生学费4000元，在2015年高淳老街杂坛第一次上门资助的时候还给帮扶家庭带去了一些网友捐赠的空调等家庭生活必需品。高淳老街杂坛每年的探望慰问及长期的物质帮扶，对于两个贫困家庭来讲无疑是雪中送炭（见图7－1）。

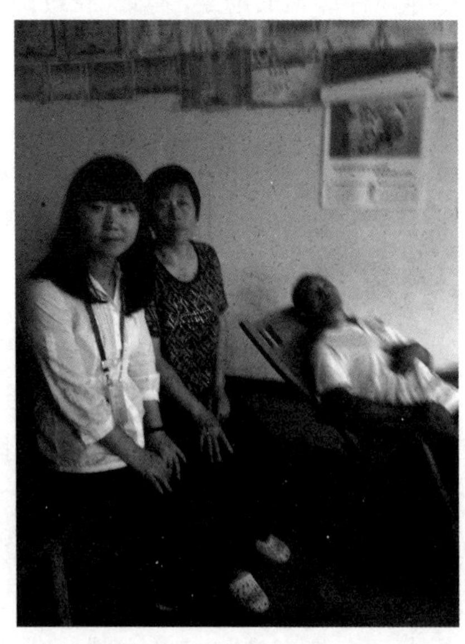

图7－1　2014年9月17日，来自河海大学的项目社工相海兰到帮扶对象家中进行入户走访

第三节　爱心企业家捐资助学

在南京市慈善总会的引荐下，项目办与三位爱心企业家取得联系并进行了友好接洽。在接触和了解大爱项目后，来自南京中天园林的吴威先生、东大建设的印卫东先生和江苏德景园林的张超先生，认为大爱项目的理念跟他们的想法是一致的，他们认为纯粹的物质帮扶很难对贫困家庭带来触动，有些家庭还认为这是理所当然的，而社工的定期介入可以从心理层面给家庭和孩子们一些心理触动，调动孩子们的自我驱动力，使他们能够正视自己，从根本上产生改变现状的意愿。所以他们愿意资助这些贫困家庭的子女学业，并对他们进行适当的引导，努力帮助他们顺利完成学业进入社会。

经过项目办社工的统计，所有以助学为帮扶重点的家庭，除高淳区已经转介给高淳老街杂坛的两个帮扶对象，还有 3 人因高中毕业当兵、大学或大专即将毕业不再接受赞助外，共计有 12 户家庭的 14 名贫困学生。3 位企业家为这 14 名贫困学生提供了两年的全额学费资助，共计 10 万多元，这些费用采用现金资助的形式，直接由企业家在助学现场发放给帮扶的学生。其中 2015 年实际支付助学金 49200 元，2016 年实际支付助学金 52600 元。经过 2015 年一年的资助，到 2016 年暑假，14 名被资助学生中有 3 人考上大学，1 人考上研究生，1 人已经成功就业。项目办志愿者根据暑假前跟踪访谈的结果，除已经就业的 1 名学生不再发放助学金外，微调了部分家庭实际困难学生的助学金，因此 2016 年的学费资助金总额为 49000 元，3 位爱心企业家还为 6 名表现优秀的学生颁发了额外的奖励补贴，每人 600 元，共计 52600 元。

2015 年 11 月 22 日，大爱之行项目在南京市社会科学院六楼会议室举办第一次大爱助学资源链接对接仪式。项目办董淑芬老师跟大家汇报了项目进展情况并感谢 3 位爱心企业家的大爱精神，企业家代表东大建设的印卫东先生以自身的经历给大家做了困境成才的引导性发言（见图 7－2）。具体发言内容如下：

图7－2　2015年11月22日，“南京市级重点困难群体帮扶行动”项目在南京市社会科学院六楼会议室举办大爱助学资源链接对接仪式，来自南京中天园林的吴威先生、东大建设的印卫东先生和江苏德景园林的张超先生，自愿为本项目12户帮扶家庭的14名贫困学生提供助学资金（拍摄者：施茂源）

尊敬的张超先生、吴威先生和印卫东先生，各位项目组同人，各位同学，大家上午好！

首先向大家介绍下出席大爱之行项目助学资源对接仪式的主要成员，来自江苏德景园林的张超先生、来自南京中天园林的吴威先生、来自东大建设的印卫东先生（全国青联委员）、来自民政局救济处的孙华军主任，以及我们项目团队的刘畅老师、宋巨盛老师，还有区民政的联络员和来自不同年级的大小同学们，感谢大家拨冗参加今天的活动。

在这里我代表项目办向大家说几句话。

首先，我在这里向项目团队成员说一句话：我们的项目进展非常顺利。从2014年7月专业社工入户，通过问卷调查和固定频率的入户探访，了解帮扶家庭的生态系统，在督导的协助下确定介入重点；到第二阶段，以督导为主导，开展了以心理疏导、医疗康复、残疾帮扶、贫困助学、就业及技能提升五个方面为重点的资源链接；到第三个阶段，我们拟定了《贫困家庭社会工作服务指南》(草案)，并递交给省质检局申报地方标准，取得了良好的成效。其中助学是我们资源链接的关键环节，助学对于我们帮扶家庭来说，能够发挥真正的减压和支持作用，也有利于同学们的健康成长，因此在这里我代表项目办、代表受资助的14个孩子对提供资助的三位企业家表示真诚的感谢！

其次，我想跟同学们说一句话：接受别人的帮助是一件很正常的事情。在人的一生中总是难免会碰上很多困难，在关键时候总会有热心人来帮助我们。在这里我跟同学们分享一下董老师的故事：董老师读书的时候家里也很穷，在我考上高中时，家里穷得连118元的学费都凑不齐，向邻居只借到了80元，最后是高中新同学用他们的生活费帮我交齐了学费。在董老师读大学的时候也收到了学校团委的贫困补助。好在董老师读书还比较认真，做过学院的团支书，后来还考上了研究生。现在能够养活自己，还能帮帮家人，做一点对社会有益的事情。所以董老师觉得接受别人的帮助是一件很正常的事情，等我们长大了，有能力了，我们也可以去帮助他人。

最后，我想对三位企业家说一句话：我们要向你们的大爱精神学习。民政部·李嘉诚大爱项目的理念，通过专业社工的介入，让贫困的家庭和孩子获得自我成长的能力，我觉得你们的大爱精神与我们的项目理念是完全一致的，我们说做一次性的捐赠已经不容易，但是对孩子们能够进行持续的关爱更加不容易，因此在这里我们一起为他们的大爱行动点赞！

我跟刘畅老师说好了，明年的8月21日，也是个星期天，我们在这里再聚首！不见不散！谢谢大家！

——项目办董淑芬老师在第一次爱心助学仪式上的发言

各位同学，大家上午好。今天很感谢南京市社会科学院的董老师以及各位领导，感谢他们辛勤的工作，让我们能够实施这份爱心，和同学们面对面，让我们的爱心能传递到各位同学的身上。

各位同学可能暂时处于学习的困难期，经济支持来源于父母的可能不是很多。但是我要说，暂时的贫困不一定是个坏事。“温水煮青蛙”的故事大家可能都知道。在温水里的青蛙，它会慢慢地死去，但是滚烫的开水里的青蛙，它跳进去之后马上又跳出来了。所以我就想说，你们暂时的困境，我觉得不可怕。关键在这个时候，你们要树立刻苦学习的决心。那么，在社会各界的帮助下，在自己的努力下，我相信你们一定能够成才。在困境中比较容易成才，在安逸的环境中不一定能够成就大的事业。

我们今天在座的三位企业家朋友，当年都是从逆境中走出来的，是经受过苦难才成就了今天的。成功不是一天两天能够得来的，是靠自己的奋斗得来的。我们三位都来自农村，我和吴总是南通的，我是南通启东人，吴总是南通吴东人，张总是盐城人，我们都来自农村，我们现在四十几岁的年龄，可能大你们两轮了。我们这个年龄的人在当时的中国社会中也是比较贫穷的，你们现在的生活可能比我们当年在你们这么大年龄的时候还要好得多。刚才董老师分享了自己的故事让我们很感动，我上大学的时候，我是1993年上大学的，当时还很困难。我可以不怕寒碜地告诉大家，我上学时所有的学费都是自己挣的，因为父母没有钱。如果自己不去想办法，那么就有可能读不下去。所以我们自己一边学习一边打工，才能把学业完成。正因为这么苦难，才知道怎么样解决苦难。我从大学到研究生再到博士生，除了当班长外，也是学校的学生会主席、研究生会主席。老师不是觉得我有多优秀、多帅，但至少老师认为我读书非常努力、认真。

同学们，你们目前基本上处于初高中、大学阶段，这个阶段正是人生转折的关键点，你们这个时候正是学习知识的时候。我们今天的资助是一点微薄的心意，也是在南京市社会科学院几位老师还有区县的各位领导辛勤工作下，我们才得以坐在一起。今天认识了以后，我们会关注你们的成长和发展，在你们以后的学习、生活中，我们会一直跟踪下去。在你们更需要我们帮助的时候，我们还会继续伸出我们的援手，在你们人生最关键的时刻，我们还会指导你们的方向。

在此感谢董老师，你们辛苦了，同学们今天的精神面貌还是不错的。大家今天由董老师他们给我们搭了一座桥，让我们建立了一定的联系。我也希望，大家要好好学习，我们会关注大家的发展。刚才吴总和张总也跟我说了，明年8月的时候，一年过去了，你们在学习上、行为上、思想上只要有进步，我们都会继续资助。但是，人一定是要往前走的，不能往后退，一定要有信念支撑着自己，绝对不能说，我有困难我就自暴自弃了，那是不行的。只要有一颗向上的心，终究会成功的。谢谢！

——东大建设集团印卫东先生在大爱之行项目第一次爱心助学仪式上的发言

（本次讲话内容来自大爱之行项目爱心助学仪式上的会议记录，记录人：河海大学社工邓盼盼）

2016年8月21日，在大爱之行项目顺利通过民政部评估后，原项目办在南京市社会科学院六楼会议室开展了第二次大爱助学活动（见图7－3）。在助学仪式上，河海大学刘畅老师给大家分享了“简单、快乐、努力”的人生追求，要在关心、计划、自律中实现人生规划。中天园林建设有限公司的吴威先生给大家讲了大学期间由参加社会实践而引发的创业原动力，鼓励大家吃苦耐劳，积极向上，努力展现自我（遗憾的是当时刘畅老师和吴威先生的演讲稿在后期资料整理的过程中丢失未能找到）。项目办还邀请当年已经就业的LH—ZYM同学给大家讲讲就业历程。最后请同学们总结自己一年来的成长历程，项目办老师和爱心企业家评选出综合素质表现优秀的孩子并给予奖励，激励孩子们健康向上成长。

第二次大爱助学后大约一周，东大建设集团印卫东先生邀请项目办两位老师和四位受资助学生代表参观了位于虹悦城的东大建设集团有限公司总部，向大家介绍了东大建设（是一家以市政、水利、房建、装饰等业务为核心的大型集团化企业）的辉煌发展历程及自己创业的奋斗史，另外两位企业家也分别介绍了企业发展概况，欢迎受资助学生中有相关专业背景的可以来公司实习或者就业，公司表示对受资助学生会给予优先考虑。

图7－3 2016年8月21日，“南京市级重点困难群体帮扶行动”项目在南京市社会科学院六楼会议室举办第二次大爱助学活动，图中接受捐助的学生FJ和妹妹站起来做演讲发言

助学典型案例3

帮扶对象：LH—LYH家庭

社工：（南京师范大学）胡晨晨

督导：（南京工业大学）宋巨盛老师

（一）案例介绍

案主LYH，男，43岁，有4口人，妻子患有轻微智力残疾，时好时坏，身体状况也不是特别好，每月需支付的医疗费200多元，这也是其一直以来没有找工作的主要原因。女儿现在跟随其姑妈在北京打工，每月工资也只够自己花费。小儿子7岁，还在幼儿园大班，即将升入小学一年级，每月需缴纳的学费就有750元，教育负担对这个家庭来说很重。户主本人在尧化门一家洗衣粉厂做工，每月工资收入也只有1700多元，并且没有缴纳社会保险费用。整个家庭的各项支出就依靠这1700多元，虽然享受每月400多元的低保待遇，但还是难以缓解其家庭的贫困状况，家庭负担很重（见图7－4）。

（二）需求分析

进入案主家庭，我们发现他们所居住的环境非常简陋，日常生活设施也很简单，但通过与户主及其妻子的谈话中我们才发现，家庭环境并不是影响他们生活的问题，重要的是孩子上学的学费问题，学费高，导致家庭生活负担重。

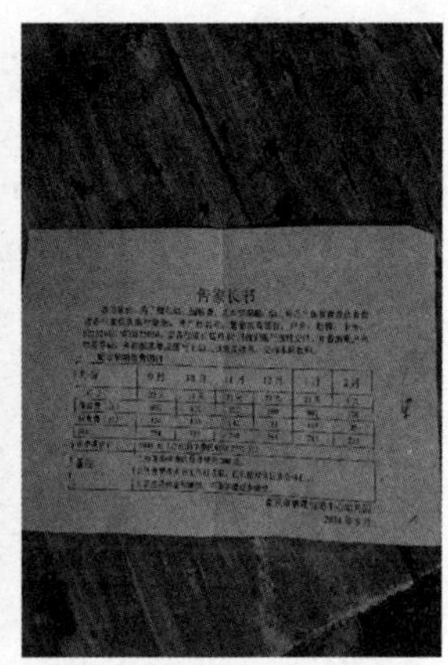

图 7－4　社工胡晨晨入户走访时拍摄的帮扶对象家庭环境以及学校开具的学费收缴证明

经过与案主实地访谈的结果我们了解到，家庭目前主要面临以下几个问题。

（1）劳动力缺乏：户主本人是家中唯一劳动力，家庭日常花销比较大，开发新的劳动力资源无疑会大大缓解家庭的收入情况。

（2）教育负担重：经过了解，我们发现孩子一学期的学费就达到 3000 多元，而且面临升入小学，借读费也极贵，对这个家庭来说无疑是雪上加霜，因此缓解其家庭的教育负担成为当务之急。

（3）医疗问题：户主妻子患有轻微智力残疾，其每月医疗支出将近 200 元。

（三）介入过程

（1）该家庭以助学作为帮扶重点。针对孩子教育负担问题，与区民政局相关负责人联系尽力帮助孩子取得每月 200 元的助学券，这样可以缓解家庭每月为孩子需支付的生活费用。针对升入小学所面临的借读费的压力，与栖霞区×××小学联系看能否减免或者减少借读费，使孩子能顺利地升入小学。

（2）政策助医作为辅助。针对案主妻子每月依靠药物维持需支付200元费用的情况，查询相关的残疾人药物补助政策，看看能不能帮助案主家庭减轻一些这方面的开支。同时查询相关困难群体帮扶政策，尽可能为该家庭争取更多的福利保障。

（四）介入评估

案主LYH的儿子是本次大爱项目助学中年龄最小的一位，经过3位企业家的爱心助学，每年为孩子提供4000元的学费资助，两年共计8000元。通过爱心助学和社工的沟通协调，案主LYH的儿子顺利地升入了栖霞区×××小学。

第八章

助技助业

对劳动者进行培训，让他们掌握和更新工作技能与谋生手段，提高社会弱者的自身素质，使具备劳动能力的人尽可能多地实现就业创业，是使贫困家庭最终得以摆脱贫困的重要路径。针对“您目前最需要在哪方面获得帮助”这道多选题，72 个被调查者中有 18 人选择了就业支持与帮扶。前期问卷调查结果显示，在就业支持需求方面，有 45.8% 的人需求就业信息，23.6% 的人需求工作岗位，11.1% 的人需求就业培训，还有 19.4% 的人则对灵活就业有一定需求。如图 8 –1 所示。社工在贫困家庭助

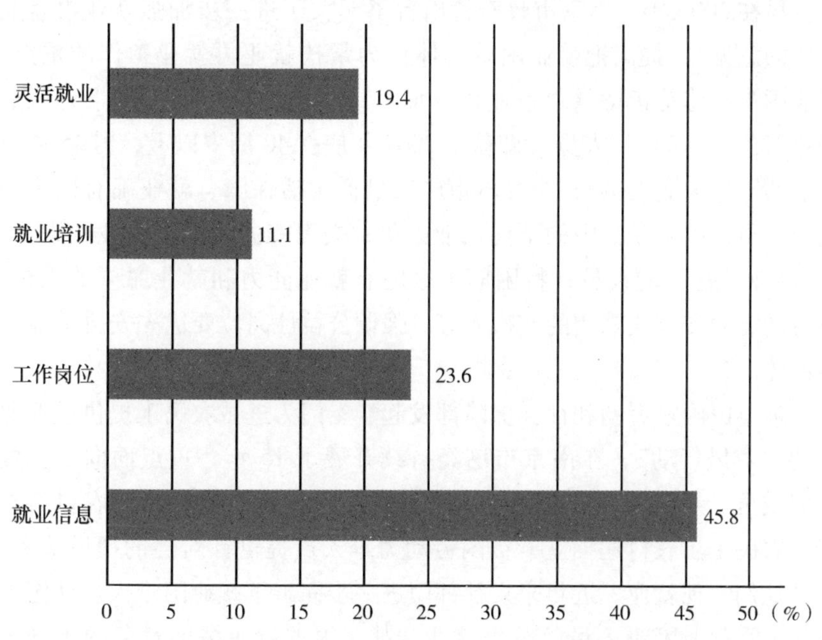

图 8 –1　帮扶对象的助技助业分类需求汇总

技助业方面的核心功能是尽可能多地链接相关资源，给帮扶对象提供可以进行培训或者能够就业方面的信息。

第一节 城乡助技助业帮扶资源

目前城乡针对贫困群体的助技助业帮扶资源主要集中于人社部门、工会职工援助服务中心、共青团南京市委、妇联、残联等政府职能部门和群团组织。近年来社会化力量如部分慈善组织、基金会和培训就业类社会组织等，通过项目化运作的形式，支持产业扶贫、扶智扶贫等，逐步发挥出一定的作用。

职能部门和群团组织的助技助业帮扶资源分散在以下几个主要部门。

一 人力资源和社会保障部门总体负责就业困难人员的就业创业帮扶

早在2006年，南京市政府就出台了《关于进一步加强就业再就业工作的意见》，提出把就业困难群体作为帮扶就业再就业工作的重点，就业困难群体是指持《再就业优惠证》或《就业登记证》的下列就业困难对象："4045" 人员（即截至2007年底女40周岁以上、男45周岁以上的下岗失业人员）；享受城市居民最低生活保障、就业确有困难的失业人员；单亲家庭中的下岗失业人员；夫妻双方均下岗失业的人员；"零就业家庭" 的人员；特困职工家庭有就业能力和就业愿望的人员；有劳动能力和就业愿望的残疾人等。强调公益性岗位要优先安排就业困难群体。

最早由国家劳动和社会保障部发起、专门为进城农民工提供就业服务的"春风行动"，在南京市已经持续开展了15年，重点面向零就业家庭成员、残疾人等就业困难人员，以及有就业创业意愿的农村劳动者、农民工、农村建档立卡贫困劳动力等人员提供针对性的援助服务，帮助他们实现就业。近年来人社部门进一步完善了就业困难人员认定办法，加强就业困难人员的分类就业帮扶。根据就业援助对象的不同需求，制订个性化就业援助计划，提供"131" 就业服务，即提供一次职业指导、推荐三次基本满足其需求的就业岗位、推荐一次就业培训。2018 年，全市实现再就业 11.3 万人，援助困难人员就业 1.4 万人，年末城镇登记失业率接近 1.8%。[①]

二　工会职工援助服务中心侧重困难职工的就业创业帮扶

南京工会担负着提升企业职工素质的重要职能，困难职工同样也有技能培训、素质提升的内在要求。市总工会以创建“工人先锋号”为载体，大范围地组织动员广大职工深入开展“建功十三五”劳动竞赛；广泛开展技术比武、技能竞赛和发明创造等活动，培养选树金牌工人、首席技师和劳模典型；创建现代企业管理制度的职教集团，打造南京职教培训品牌；将职工技能培训与各类认证培训有机结合起来，建立职工技能等级与工资挂钩机制，以制度创新推动职工素质提升。

工会的就业创业功能主要由职工援助服务中心承担，借助职工援助服务中心载体加强对下岗失业人员等困难职工的技能培训、职业介绍和提供创业贷款。该中心自成立以来为农民工和下岗失业人员提供职业教育、就业技能、法律指导等多样化培训，积极帮扶困难职工就业。中心已从过去单一的困难救助、信访接待、法律援助等输血帮扶，逐步拓展到技能培训、创业贷款、介绍就业等造血帮扶。通过成立创业帮扶协会、拓展创业基地、举办创业沙龙、开设创业论坛、选编创业实录、组织创业大赛六个“创业援助系列活动”，营造良好的创业环境，选树具有影响力的创业示范基地，努力打造具有南京特色的“造血型”帮扶模式。2008 年国家劳动和社会保障部授予南京市总工会职工援助服务中心为全国创业培训机构之一（全国工会系统仅 6 家）。中心不断优化创业培训、创业指导、小额贷款“三位一体”创业扶持工作机制，通过创业带动就业，发挥创业促就业的倍增效应。中心通过举办厨艺、中西式面点、婚庆礼仪、美容化妆、家政服务、花艺师、营养配餐等形式多样的职业技能培训，帮助下岗失业职工提高技能素质和就业竞争力。

工会成立有职工志愿者服务队和女职工志愿者服务队，动员组织职

---

① 南京市统计局：《南京市 2018 年国民经济和社会发展统计公报》，《南京日报》2019 年 4 月 1 日 A6、A7 版。

工参与社会服务。通过开展“联系职工、服务百姓”活动，加强与基层和职工的联系。组织职工志愿者在元旦、春节期间以及“学雷锋活动月”“五一”前后，分期分批深入困难职工家庭、居民小区、孤老供养机构、偏远矿山、企业车间和市民广场，为职工群众提供家电修理、健康义诊、卫生清扫、心理健康、法律援助等各类便民服务。

三 共青团南京市委侧重大学生的就业创业帮扶

南京团市委以“宁聚青春”行动为主抓手，聚焦青年大学生和青年创业者两大群体，着力帮助更多的青年感知南京、爱上南京、留在南京。

自2018年起，团市委连续两年牵头承办“在宁高校大学新生集体开学典礼”。2019年，在东南大学举办的“在宁高校新生集体开学仪式”，参加的高校院所由上一年的53家扩展至62家，现场参会新生代表由2000人增加到3500人，活动规模不断壮大、内容形式不断丰富。从2018年起，开展“万名大学生进机关进企业进社区实习”计划（以下简称“三进实习”），大力整合就业资源，为大学生提供高质量实习岗位和机会。2019年，“三进实习”募集的岗位数量、种类相比2018年实现多重提升：岗位数量从3588个增加到11528个，实习学生数从在宁15所高校的2368人增至覆盖全国102所高校共计12173人。近两年，团市委还组织19972名“小青柠”志愿者为南京创新周、南京名城会、羽毛球世锦赛、篮球世界杯、森林音乐节、南京马拉松等重大赛事赛会提供服务保障。①

为了更好地服务青年创业者，团市委全力打造集“办大赛、建平台、聚伙伴、强服务、造氛围”为一体的青年创新创业服务链，助力更多青年创业者扎根南京、建功南京。通过办大赛，找到并联系创业青年和创业项目；通过建平台，打造市区两级青创阵地；通过聚伙伴，力促要素资源对接；通过强服务，为创业青年精准赋能；通过造氛围，帮助更多的大学生留宁创业。团市委2019年发起成立了南京青年就业创业促进会，建设青年人才社群。同时依托促进会微信公众号，帮助青年创业者及时便利地获取各类创业政策、讯息和资源。目前，公众号已推送

---

① 沈德赛等：《南京团市委：汇聚起支撑创新名城建设的青春力量》，2020年5月9日，半月谈网，http：//www. banyuetan. org/。

创业活动和创新讲座1563场，发布2072条融资信息。[1]

四　妇联侧重贫困妇女的就业创业帮扶

群团组织妇联重点关注建档立卡贫困户、单亲贫困母亲、病残妇女儿童等相对困难群体的生活与发展。与人社局等部门联合，实施贫困单亲母亲创就业综合支持项目，持续开展“春风行动”，送岗位、送培训，帮助贫困妇女就业创业。妇联建立了为贫困家庭提供就业指导的家庭驿站服务体系，就业指导主要集中在月嫂、家政等方面，重点放在培训和职业介绍，宁姐月嫂培训渐成品牌。

五　残联侧重困难残疾人的就业创业帮扶

残联侧重对5万多困难残疾人的帮扶，市残联及各区都设立有教育就业处，专门搭建培训就业平台，帮助有就业能力和就业意愿的残疾人就业。2013年中央七部门联合发布了《关于促进残疾人按比例就业的意见》（中残联〔2013〕11号），要求党政机关、事业单位及国有企业应当为全社会作出表率，率先垂范招录和安置残疾人，但在实践中政策执行和政策落实还很不到位。实施按比例就业以来，南京市收取的企业残保金（即残疾人就业保障金，用于残疾人就业的专项资金），2015年为两亿多元。目前，南京市持证困难残疾人有51140人，占持证残疾人总数的35%。截至2019年底，南京市残疾人全部实现脱贫。据了解，2019年南京市新增残疾人就业1047人，城镇有就业能力和就业意愿青壮年残疾人就业率达到98.1%，农村有就业能力和就业意愿的青壮年转移就业率达到92.7%。南京市助残社会组织也在不断发展，打响了“汇爱坊”等助残品牌。

第二节　与工会职工援助服务中心合作

大爱之行项目的助技助业，是以与工会职工援助服务中心合作为主

---

① 沈德赛等：《南京团市委：汇聚起支撑创新名城建设的青春力量》，2020年5月9日，半月谈网，http：//www. banyuetan. org/。

导的。与妇联的合作，除助学对接外，针对妇联的“两癌筛查”项目，大爱项目把7名患癌妇女的健康需求转给市妇联，借助妇联的力量给予她们项目结束后一些后续的关注与帮扶；同时也把项目中7名有就业需求的困难妇女具体需求档案转交给市妇联，请各区妇联在就业培训等方面给予关注和帮扶。与残联的合作，主要体现在市残联提供了各个区残疾人教育就业科科长的名单及联系方式上，社工根据残疾人家庭需要自行与教育就业科科长联系，鼓励有就业意愿的困难残疾人参加各个区的残疾人就业培训，努力实现就业目标。

与人力资源和社会保障局的一次合作，是项目办和社工在基层链接资源的过程中碰巧实现的。

助技助业典型案例1：借助人社部门办理就业登记证

助医中典型案例1，案主本人患有胃癌，切除手术后恢复期。案主的妻子是家中唯一的劳动力，但是因为要照看丈夫而无法找到合适的工作，只能靠打零工挣点家用。案主的儿子在上小学时学费一直受到社会的资助，但升入初中后就断掉了。目前家庭已经申请到了低保。

针对案主的妻子，在生活方面，她作为家中唯一的劳动力，急需一份适合她这种特殊情况的工作。社工刘浩前期通过改善案主妻子的情绪来帮助她在生活中向案主树立起一个积极的形象。案主的妻子几乎将整个家庭的生活重担背在自己身上，一些细小的负面影响都会给她带来巨大的压力，因此在社工介入过程中需要时刻关注她的情绪，一直充当支持者的角色，用沟通去帮助她缓解压力。最后在项目办的帮助下，通过溧水区和凤粮油协会联系到了溧水区的劳动保障所帮助案主的妻子办理了《就业登记证》，按照现有社会政策，有《就业登记证》的困难人员可以优先享有政府的各种培训机会，并在有合适的工作机会下被优先考虑就业。

大爱之行项目重点借助市工会职工援助服务中心的力量给项目中的就业需求人员进行培训以促进就业。项目办董淑芬老师和负责市总工会接洽的项目督导宋巨盛老师一起到南京市总工会职工援助服务中心，与其中心主任接洽并详谈了大爱之行项目。经过协商，职工援助服务中心愿意接纳大爱项目中有就业需求人员参加职工援助服务中心的相关培训，愿意给个别有技能的困难职工介绍工作。对非困难职工但有就业或培训需求的案主，大爱项目方与中心主任协商出培训的优惠方案：大爱之行项目出钱供案主培训，工会方仅收成本费。职工援助服务中心为项目办提供了目前工会系统跟社区合作免费培训的时间及地点（见图8－2）。

图8－2　2015年5月6日，项目办董淑芬老师和项目督导宋巨盛老师到市总工会职工援助服务中心调研接洽就业与培训事宜。左图是宁工职业培训中心当时正在进行的系列培训内容简介

助技助业典型案例2：借助市工会职工援助服务中心实现就业

帮扶对象：GL—YHT家庭

社工：（河海大学）钟杏燕

督导：（南京师范大学）匡强老师

（一）案例介绍

案主家庭较其他帮扶对象来讲相对完整，是一个三口之家。案主今年49岁，高中学历，因为腰椎间盘突出、头晕头痛，长期在家，持有电工证，且对工作要求比较高。家庭主要经济来源是妻子每月1700元的退休金，以及父亲每个月给孩子1000元生活费。无债务，不享受低保。一个儿子，经过专转本，目前还在上学，学的是工程造价专业，每年要支付一万多元学费。目前主要的经济压力在于孩子上学和自己的医药费问题。最需要的帮助是就业方面的支持以及适当缓解缴纳养老保险等经济压力。每月家庭总花销大概是2000元。两室、一厅、一厨、一卫，居住环境比较整洁。

（二）需求分析

（1）案主患有腰椎间盘突出、头痛眩晕等，脑血管末梢畸形，身体上患病对于工作选择有影响，最近的体检一切指标还算正常，希望可以早点工作，有工作需求想要找到符合自己心意的工作。希望在配电房工作，在相对好的事业单位，同时还希望做一休三，工资在2000—3000元，案主对于工作要求很高。伴随着后期项目为案主提供就业指导等，案主的心态逐渐摆平，对于就业没有之前的比较自我的态度，更多是接受的态度。

（2）案主家庭在2014年4月到8月接受过民政医疗补助，政府补助支付案主医疗药费的15%。对于养老保险费用太高的问题希望解决保险的问题。

（3）伴随着案主儿子的毕业，案主不仅自己有就业需求，同时也希望能够帮助案主儿子解决就业问题，儿子在南京天业公司实习，希望帮助儿子找到类似工程造价师、开发商、工程师这样的一些类似岗位。

（三）介入过程

（1）案主就业支持。利用大爱办的资源链接，根据案主自身情况（案主属于困难职工，自身已经持有高压电工操作证，可以在配电房工作）的这一技术优势，在市工会职工援助服务中心的联络支持下，为案主提供了相关的就业资源，让案主找到了一份做一休一的工作，工作还算满意。案主的儿子即将大专毕业，除了大爱办提供技能培训的机会和就业信息之外，案主儿子自身也在积极地寻找合适的工作。

（2）医保政策支持。案主从社区主任那里得到反馈，在鼓楼区民政负责人以及社区工作人员的帮助下，正在积极针对案主的情况努力为他争取政策的帮助。

（3）精神和心理支持。一方面，社工不断通过电话访谈和入户了解案主的情况变化，给予案主以精神上的鼓励，渐渐案主对于社会工作介入由之前的怀疑尝试到最后的接纳欢迎。另一方面，社工通过引导的方式使案主认识到社区工作人员对他们的关心，社区工作人员与服务对象积极互动，经常关心案主的身体和精神变化，现在案主心情比较乐观稳定，每天还会约上社区几个好友放风筝，晚饭后一起散步。

（四）介入评估

（1）案主状态改善情况。经过多方努力，案主情况已有改善：第一，案主生活状况的改善，现在案主找到一份做一休一的工作，工资还算可以，工作也不是很累，为家庭提供了收入。第二，案主心理状态发生改变，通过社工的介入，案主已经对社区工作人员呈客观的评价，案主心态发生很大改变，由之前的尝试怀疑到最后的接纳欢迎，案主精神上有了很大改变，心态越来越积极乐观。

（2）案主对社工介入的满意度。社工第一次入户时，案主对社工是持怀疑态度的，通过几次入户帮扶、工作反馈、心理疏导及电话慰问等工作，案主对社工的认识越来越清晰，认识到社工给自己带来很多帮助和资源链接。案主对社工的帮扶表示很满意，对社工的帮扶表达了感谢，期待和欢迎社工再次入户。

（3）调动及使用资源的情况。整个活动得到很多方面的支持，如大爱之行项目办、南京市民政、鼓楼区民政、社区工作人员、社工督导。通过多方的共同配合使得帮扶行动顺利有效地开展，取得了不错的成效。

（4）社工能力提升情况。通过参与这次大爱之行扶贫项目，社工能力有了多方面的提升。第一，大爱项目为社工提供了一次理论实践机会，将更多的理论运用到了社工实务上。第二，大爱项目为社工提供了资源链接和社会参与的机会，在这个过程中看到案主的变化感到很欣慰。社工目前能做到有效资源链接已经是非常不错的成果，这也是对案主的外部增能。第三，大爱之行项目让社工更多地了解社会扶贫资源，认识到社会组织在精准扶贫中所发挥的作用。

助技助业典型案例3：借助市工会职工援助服务中心完成培训

帮扶对象：GL—GCY家庭

社工：（南京师范大学）王倩

督导：（南京师范大学）匡强老师

（一）案例介绍

帮扶对象为单亲家庭。案主 GCY，女，46 岁，高中学历，保洁临时工，每月收入 1580 元，患肝炎，长期吃药。2003 年丈夫因癌症不幸去世。儿子，今年 14 岁，读初中。儿子之前患结核病，花销很大。儿子抚恤金每月 520 元。享受低保边缘，两人每月享 80 元补贴。无债务，每个月医药费和教育开销等约 2000 元。目前最需要物资资助和孩子课业辅导。家庭居住环境不整洁，物品摆放杂乱。收入来源主要是工资和低保金，还有一间房子出租，不固定，租金几百元，案主担心社区知道了会取消其低保边缘的资格。

（二）需求分析

根据问卷调查及每月一次的入户访谈，对该家庭进行需求评估，了解到该家庭的需求主要集中在孩子课业辅导、就业、社会交往三个方面。

（1）孩子课业辅导：教会孩子学习方法与技巧，端正学习态度，帮助孩子更好地完成作业，提高成绩；服务对象之前表示孩子目前一直在一位成绩很好的同学家里写作业，暂时不需要课业辅导，但是现在一直说同学只是一起写作业，没有系统辅导，孩子的成绩不是很理想，希望进行专门辅导，在这方面需要加强资源链接。

（2）就业方面：在充分尊重服务对象意愿的基础上，留心合适的工作机会，帮助案主选择更有利于照顾家庭的工作岗位。

（3）社会交往方面：作为单亲家庭，跟社会的交往很不够，很少参加社会活动。

（三）介入过程

（1）就业支持。一是告知服务对象某机构将举行单亲母亲专场招聘会，并且招聘会结束后，也可以把个人简历留在某机构，以便机构帮助联系就业资源。服务对象及时关注，为自己的就业增加了一种选择机会和方向。二是帮助服务对象成功链接到市职工援助中心的资源，参加了免费烘焙培训，增添了服务对象本人的就业技能，如果能够顺利就业，将有利于进一步改善服务对象家庭的经济情况，提升生活水平。

（2）社区社会交往支持。经过了解发现，身为单亲母亲的案主所在社区针对单亲母亲，只提供物质帮助，没有开展过专门的单亲活动和就业培训，未满足她们的多重需求。社工向服务对象征求意见，问其若该社区内有单亲母亲活动，其是否愿意参加。服务对象拒绝了，表示不愿意在熟悉的社区里参加活动，不想让人知道自己的单亲身份。最后社工向其推荐了其他区开展的单亲母亲活动，希望其可以直接参加或者旁观，服务对象答应去看看。

(3) 孩子课业辅导支持。通过与孩子沟通，全面了解孩子学习情况，收集课程资料、学习方法与技巧等，帮助孩子更好地完成作业，提高成绩，联系专门的教师或者志愿者进行学习辅导，帮助询问南京师范大学旁边的教育培训机构。了解到该培训机构是私人与南京师范大学出版社合作的一个机构，主要形式是小小班和一对一专门辅导，费用较高，初中的一对一辅导费用约180元每小时。目前已经没有小学及初中的辅导了，只有面向高三学生的文化课辅导。

(四) 社工介入评估

(1) 案主状态改善情况：通过社工长期关注，案主感受到来自社会各方面的支持，心理情绪状态较好，能够以更加积极健康的态度面对生活。

(2) 案主对社工介入的满意度：对社工服务的态度、工作方法和过程非常满意，表示非常感谢。

(3) 调动与使用社会资源情况：积极链接和使用社会资源：一是玄武区社工事务所组织的“单亲母亲专场招聘会”；二是项目办链接到工会职工援助服务中心提供的烘焙职业培训；三是南京师范大学旁边的辅导机构。

(4) 社工能力提升情况：针对介入过程中存在的不足产生了思考与总结，锻炼了实务能力。以个案形式主导的社会工作介入过程缓解了部分服务对象及其家庭存在的问题，一定程度上满足服务对象的需求，改善生活困境，拓宽了社会支持网络，取得了一定成效。

但由于社工实务经验不足、案主情况复杂等因素干扰，服务过程存在以下不足：(1) 服务技巧方面：在起初的服务过程中，面对服务对象声泪俱下的倾诉，不知道该做出什么样的回应，只能沉默、下意识地表示安慰。社工意识到这种做法可能有损社工的专业性，于是在接下来的服务过程中，注意主动出击、正面应对。(2) 服务成效方面：社工所能提供的服务是“有限”服务，利用有限资源满足服务对象的合理需求，其中的“合理”与否在一定程度上既与社工的能力有关，也与社工本身的专业限制有关，这从一个侧面反映出社会工作服务具有有限性；资源链接是一个比较复杂的过程，成功链接到的资源与需求的迫切程度可能并不一致，导致计划赶不上变化，同时也存在某方面的帮扶没有真正落实，某条服务路径走不通的困境。

第九章

助　　残

在本项目中共有15户、21人身患不同种类、不同程度的身体残疾，其中有3人已有企事业保洁、报亭卖报等工作，还有3人需要轮椅、拐杖等工具，有9人因身体残疾不能或不愿参与就业，只有6人有就业意愿，而就业意愿主要是做一些适合于残疾人工作的如简单手工之类的工作。助残内容较为宽泛，其中助残就业与助业助技在实质上是一致的，都是为了帮帮扶对象找到适合的工作，但是助残就业的方式通常又不同于常人的助业助技，因为部分残疾人的就业方式和范围存在局限。因此本书把助残单列一章。项目办先后与市残联、市妇联取得联系，为社工在帮助贫困残疾人就业方面提供一定的资源通道，帮助有需要的案主免费提供轮椅、拐杖等工具；调研两家助残社会组织，为有机构康复需求及灵活就业的帮扶对象提供选择；还根据少数残疾家庭情况给予个别需要残疾鉴定的案主报销残疾鉴定费用等，减轻其家庭压力。

第一节　残联系统及社会组织助残资源

在全面达小康的进程中，贫困群体尤其是残疾人贫困群体的精准脱贫是重中之重。目前，南京市持证困难残疾人有51140人，占持证残疾人总数的35%。截至2019年底，南京市残疾人全部实现脱贫。目前对于困难残疾人的各项社会保障业已实现全覆盖，但是面向未来，残疾人的身体康复、就业、心理关爱和社会融入等方面仍然有很长的路要走，这都离不开专业化的发展道路。助残帮扶资源主要集中于残联系统、助残社会组织和残疾人专门协会，企事业单位助残主要体现在接纳残疾人就业上，妇联重点关注残疾妇女的就业与发展等；社会上还有自上至下的中国、江苏省到南京市的残疾人福利基金会系统，致力于发展残疾人事业，促进残疾人平等参与社会生活。

当前困难残疾人家庭存在的主要困难是收入水平难提高、就业率相对偏低、身心健康难保障、社会融入水平不高。一是收入水平难提高。2013 年《南京市智残人士生存调查评估报告》的调查结论显示，样本家庭的人均收入不到江苏省人均可支配收入的一半。2015 年"全国残疾人基本服务状况和需求专项调查"的调查结果显示，南京城市中 1/4 的残疾人家庭人均收入在低保和低保边缘标准以下，这是一个很惊人的数字，而农业户口残疾贫困家庭的人均收入相比就更低。二是就业率相对偏低。当前残疾人就业难、就业层次低、就业不稳定等问题还没有得到真正突破。南京残疾人的就业率，与苏州和无锡相比较仍有一定差距。就业的残疾人以轻度残障为主，重度残障人士几乎不能工作。部分残疾人文化程度低、缺乏就业技能，找不到合适的工作。一些残疾人难以满足企业对于员工的要求，从而在就业市场中处于相对的劣势。当前南京市残疾人就业形势依然严峻，残疾人就业需求与就业岗位的矛盾依然存在，依法按比例推进残疾人就业任重而道远。各级残疾人就业服务机构自身场地、设施和工作人员队伍不能满足开展就业服务的需求，残疾人就业创业培训针对性、实用性有待进一步加强。三是身心健康难保障。残疾人除了身体残疾，心理健康方面也存在着挫折心理、依赖心理和自卑心理等问题。四是社会融入水平不高。从社会大环境来看，"平等、参与、共享"的现代文明残疾人观还没有得到全社会的认可与支持，歧视、排斥残疾人现象客观存在。从就业上看，社会没有把重度残疾人作为劳动者，轻度残疾人仍然受到很多企事业单位的排斥；从婚姻上看，一些婚姻是靠拿钱买来维持的，缘分婚姻很难得（后天残疾的例外）；残疾人很少走出家门，参加社会活动等。

一　残联系统助残资源

如前所述，民政负责残疾人的普惠补贴，而残联主要负责残疾人的特惠补贴，其主要内容是全面落实针对残疾人的 3 项社会保险优待、2 项社会救助政策及 6 项免费社会福利 3 个方面 11 项内容的特惠保障和救助。

残联系统针对困难残疾人的帮扶主要体现在生活帮扶、身体康复帮扶、就业帮扶和综合服务。南京市残联下设市残疾人就业管理中心和残疾人康复中心，均为一类公益事业单位。从康复功能看，按年龄段划分，0—6 岁残疾儿童免费享受 6 类康复服务救助（救助内容包括以减轻功能障碍、改善功能状况、增强生活自理和社会参与能力为主要目的的手术、辅助器具配置和康复训练等。具体根据不同的残疾类别提供相应的救助项目），7—14 岁肢体（脑瘫）、孤独症儿童享受免费康复服务，基本实现了 0—14 岁残疾儿童享受免费康复服务全覆盖。辅具适配已覆盖各类别、各年龄人群，正在探索残联与社会组织、社区、家庭康复合作方式。以残疾人的康复需求为导向，南京市以及各个区相继成立了残疾人康复中心（也有的称综合服务中心），大部分社区设有康复站点（但是与医疗部门合作协调不到位，康复医生到位率不高）。从就业功能来看，南京市残联和各区残联都设有教育就业处或者教育就业科，专门为残疾人就业提供培训及平台服务。残联系统重视培训工作，通过开设计算机、餐饮、摄影、3D 打印、电商、手工制作等培训班，为残疾人提供免费培训。其中 2019 年培训残疾人 600 多人。

从综合服务看，南京市残联借助建设“残疾人之家”综合服务平台实现对残疾人的综合服务。2017 年 10 月，市残联推出《南京市“残疾人之家”建设实施细则》宁残字〔2017〕97 号，努力打造为残疾人服务的“残疾人之家”综合服务平台。该《细则》提出“十三五”期间全市街道（镇）和有需求、有条件的社区（村）要普遍建立“残疾人之家”，根据残疾人需求和基层工作特点，为残疾人提供日间照料、辅助性就业、康复服务、文体活动、学习培训和志愿者服务等，为残疾人提供便利化、常态化服务，不断提高广大残疾人生活质量。至 2018 年底，全市已有“残疾人之家”126 个，“残疾人之家”已覆盖全市所有街镇。①

---

①　数据来源：《市残联召开“残疾人之家”工作推进会积极推进残疾人基本公共服务提质增效》，2019 年 5 月 1 日，南京市残疾人联合会官网，http：//cl. nanjing. gov. cn/。

二　残疾人专门协会和助残社会组织助残

残联根据残疾人的类型下设了盲人协会、聋人协会、肢残人协会、智力残疾人及亲友协会和精神残疾人及亲友协会五个专门协会，分别组成各专门协会的委员会，以便更好地反映和研究不同类别残疾人的特殊问题。如盲人协会代表盲人的共同利益，密切联系盲人，反映盲人的意见和需求，沟通盲人与社会之间的联系，全心全意为盲人服务。协会肩负着促进盲人的康复、教育、扶贫、劳动就业、维权、文化体育、社会保障及残疾预防等工作。

助残社会组织是残疾人与社会接触的重要中介。从助残社会组织的发展现状来看，近年来南京市助残社会组织数量发展迅速，其中注册的助残类社会组织有 30 多家，还有近百家未注册的草根社会组织，如实现残疾人托养及支持性就业的宁馨阳光家园（南京市本级残疾人托养服务中心，曾经是残联系统全国阳光家园示范机构，已于 2017 年底闭园）、鼓馨阳光家园、鼓楼区凤凰安养中心（南京市目前唯一一家公办的托养中心）等，从事社区服务和文化事业的火凤凰助残中心、玄武九洲残疾人文化艺术中心等，他们在残疾人的残疾康复、支持就业、心理关爱等方面发挥着越来越重要的作用。

但助残社会组织从总体上看还处于起步阶段，相当一部分助残社会组织共同面临着经济上以及运营管理上的困难，不能满足困难残疾人的托养需求。经济困难成为绝大多数托养机构面临的共同问题，低收费导致部分助残社会组织出现了“拖养学员越多，经济压力越大”的怪现象。运营管理困难也是共性问题，部分助残社会组织反映目前针对社会组织的培训缺乏针对性，不适合助残社会组织的需要，他们更多地需要学习怎样运作和管理社会组织。从助残专业服务人员的情况看，存在着薪酬偏低、专业训练不足和人才流失严重的问题。

三　残疾人福利基金会系统助残

自上至下的中国、江苏省到南京市的残疾人福利基金会系统，致力于发展残疾人事业，促进残疾人平等参与社会生活。中国残疾人福利基金会成立于 1984 年，高举人道主义旗帜，大力倡导扶残助困的良好社会风尚，积极开展募捐活动，筹集资金，努力改善残疾人康复、教育、就业等各方面状况。基金会培育了“集善扶贫健康行”“启明行动”“助听行动”“阳光伴我行”“集善嘉年华”等一批有社会影响力的公益项目，推动了中国残疾人事业的发展。江苏省残疾人福利基金会成立于1988年，其主要业务范围是宣传残疾人事业，呼吁社会理解、尊重、关心和帮助残疾人；多渠道地开展各种形式的募捐活动，接纳社会捐赠，筹集残疾人福利基金，用于发展残疾人事业；资助、帮扶贫困残疾人，参与残疾人的康复、就业、法律维权、社会保障等社会服务工作等。现有家电募集计划、阳光浴室项目、阳光学子项目、聆聪行动项目、助行行动项目、春风行动项目等助残品牌。南京市残疾人福利基金会成立于2000年底，旨在接受政府资助和社会捐赠，开展助残活动，表彰奖励对残疾人事业有贡献的先进集体和个人等。

第二节　与残联系统合作助残

针对大爱之行项目中残疾人的帮扶需求，项目办与市残联取得联系，市残联为项目社工提供了各个区教育就业科科长的联系方式，遇到具体的残疾人就业培训等方面的具体问题，可以直接跟他们取得联系并咨询帮扶意见，在困难残疾人就业帮扶方面提供了一定的资源通道。部分残疾人所在的区、街道残联还为有帮扶需要的案主免费提供了轮椅、拐杖等辅助工具。另外，项目办根据少数残疾家庭情况给予个别需要残疾鉴定的案主报销残疾鉴定费用等，减轻其家庭压力。

助残典型案例1

帮扶对象：QX—WJ家庭

社工：（河海大学）尹亚运

督导：（南京财经大学）许芸老师

（一）案例介绍

案主WJ，44岁，未婚，自幼下肢残疾，2002年患肾积水，后来恶化为尿毒症，每周要做3次血透，经常会产生诱发病，看病花销大，由高龄父亲母亲照顾，案主的父母年事已高并且身体状况都不好，父亲心脏不好，医生曾建议其装心脏起搏器，母亲患乳腺癌。案主虽然目前享有低保，但是社区工作人员告知她，低保可能会因为病退金（每月700元）的增长而被取消。案主使用的轮椅已经坏掉，希望社工可以给她定制一个轻便的新轮椅。

（二）需求分析

（1）保住低保的需求

案主虽然目前享有低保，在看病方面有很多优惠报销政策，缓解了案主很多压力，但是近来社区工作人员告知她，她的低保可能会因为病退金（每月700元）的增长不满足继续发放低保的条件而被取消。案主及其父母都很担忧，因为享有低保才使她的家庭勉强维持生计，如果被取消他们的生活会异常艰难，所以迫切希望社工尽力帮其保住低保。

（2）辅助工具——轮椅需求

一方面案主家的轮椅已经坏掉，希望我们可以给她定制一个轻便的新轮椅，案主刚开始对轮椅尺寸是没什么要求的，但是后来提出了量身定做的需求，原因是轮椅太笨重案主的父亲搬不动。另一方面希望得到现金帮扶，缓解看病开支的压力。案主全家的收入每月共2500元（每人600元的低保金和案主每月700元的病退金），然而开支巨大，每月花费最多的就是医疗开支，包括案主的血透、输血、白蛋白以及治疗诱发病等，如果患上大病则医药费用更多，家庭生活会更加艰难。

（3）化解矛盾的需求

一是与社区工作人员之间存在矛盾，由于对很多政策不了解，案主对社区工作人员有很多误解，评价也非常负面，需要社工通过解释来化解；二是与中大医院护士存在矛盾，医院护士强收优质服务费（30元/次）与案主产生纠纷，案主很气愤，希望社工为其化解。

（4）潜在需求

案主的父母年事已高并且身体状况都不好，案主的父亲日常照顾案主的行走及看病，但是心脏不好，医生曾建议让他装心脏起搏器，却没钱去装；案主的母亲主要负责家庭卫生、洗衣、做饭等事宜，但是患有乳腺癌，做过手术在恢复期，身体状况也不太乐观。他们也是需要心理帮扶和关注的。

（三）介入过程

（1）针对低保需求

社工扮演的角色是倡议者及协调者。首先社工对低保政策进行详细解读，“持有本市常住户口的城乡居民，凡共同生活的家庭成员人均收入低于户籍地城乡居民最低生活保障标准的，均有申请获得最低生活保障的权利”。取消低保的条件有13条，虽然帮扶对象因为工资收入存在超出低保保障的条件，但是家庭特殊困难却需要低保政策的支撑。于是在大爱项目中期评估会上由社工督导许芸老师向市民政局副局长做了咨询，后来又在案主社区主任那里得到了反馈，可以为案主保住低保。

（2）针对辅助工具——轮椅需求

社工扮演的角色为资源链接者。首先，栖霞区民政救灾科科长告知社工他有轮椅可以提供给帮扶对象，当天科长就把轮椅送到帮扶对象家中，但是帮扶对象以轮椅太笨重而拒绝接受。后来，社工在项目办的帮助下联系到了栖霞区残联，但是残联工作人员表示他们的轮椅都是标准尺寸，没法提供定制轮椅。最后，社工求助项目办，项目办经协商同意用大爱项目资金为案主定制轮椅。当社工将这个消息告知案主时，案主却表示感谢社工的帮助，不需要新轮椅了，自己现在用修理好的旧轮椅。经过再次确认，社工认为此事算解决。

（3）针对心理帮扶需求

社工扮演的角色是引导者及专家角色。一是针对案主对社区误解而产生的矛盾。社工一方面通过解释来说明社区工作人员制止的原因，如案主想在自家阳台上建一个斜坡以方便轮椅出行，社区工作者对案主的想法表示理解，如果有滑坡自己就可以靠轮椅出行，不需劳累父亲，但是社区楼房是已经规划好的不能擅自改建，并且自建滑坡还存在很多安全隐患，出行问题是否可以通过招募社区志愿者予以解决。另一方面，社工通过引导的方式使案主认识到社区工作人员对他们的关心，社区工作人员不仅把他们推荐为大爱之行的帮扶对象，而且还给案主的父亲安排在社区喊喇叭（可以给予一些劳务费）。二是针对案主与中大医院护士的矛盾。社工主要通过解释及建议的方式来化解，社工很理解案主，看病花销已经很大，护士帮其推轮椅去找各科室索要的优质服务费（30元/次）对案主来说负担很重，但社工还要向案主解释理解这项医院的规定，使其明白护士并不是针对她个人收取的，同时鼓励案主下一次看病与医院护士长或院长联系看能否减免，当然有需要可以找社工帮助。

(4) 针对案主父母提议

社工扮演倡导者的角色，社工运用倾听、同理心等技巧缓解案主父母的压力，消除负面情绪，引导他们以积极健康的心态生活。同时，社工尝试建议招募志愿者帮他们照顾他们女儿的出行，打扫卫生等服务，但是被拒绝。案主的父母表示他们目前还有力气照顾案主，不希望麻烦别人。

（四）介入评估

(1) 案主状态改善情况

经过各方近一年的努力，案主情况已有很多改善：第一，案主生活状况的改善。低保得以保住使案主可以继续享有低保的配套优惠政策，在看病方面可以继续获得一些报销。目前案主的血透医院已经更换，不仅医疗条件改善，并且血透只需8元/次，比先前少了很多。第二，案主心理状况的改善。通过社工的介入，案主已经对社区工作人员有了客观评价，并且与医院方也有了改善。最重要的是现在案主心态越来越积极乐观，并且案主的父母也越来越积极健康。

(2) 案主对社工介入的满意度

社工的第一次入户案主对社工是持怀疑态度的，并且根本不理解社工可以做什么。经过几次的入户帮扶、工作反馈、心理疏导及电话慰问等工作，案主对社工的认识越来越清晰，她已经知道社工与志愿者的区别，是实实在在从她的立场考虑问题的，给予了她很多帮助。案主对社工的帮扶非常满意，尤其是在帮助其保住低保问题上。后期通话中案主对社工的帮扶表达了感谢，并非常期待和欢迎社工再次入户。同时，案主的父母也对社工的努力表达了肯定和感谢。

(3) 调动及使用资源的情况

整个活动涉及的资源包括大爱之行项目办（同意为案主定制轮椅）、栖霞区民政（科长提供闲置轮椅）、南京市民政（反馈低保问题）、社区工作人员（配合社工入户）、栖霞区残联（对轮椅问题及资金帮助的反馈）。通过多方的共同配合使得帮扶行动顺利有效地开展，取得了不错的成效。

（4）社工能力提升情况

通过参与这次大爱之行南京市级重点困难群体帮扶行动项目，尤其对该个案的介入，帮助社工的能力有了多方面的提升。主要表现：一是理论与实务的结合。社工先前参与的专业活动并不多，此次的大爱之行扶贫项目是社工第一次参与的比较专业的社工实务活动。在帮扶过程中很多理论、方法及技巧都在实践中得以运用，很好地提升了社工的实务能力和实务经验。二是对社工介入效果有了客观的反思。社工开始认为社工介入一定能完全解决问题，但是通过几次碰壁及失败后，社工对介入成果有了客观的认识，社工目前能做到有效资源链接已经是非常不错的成果，是对案主的外部增能。三是对申请社工项目的启示。社工在申请项目时服务目标、服务对象、服务方法一定要明确，这样才能顺利申请到项目。四是同工对本人的启发。通过多次接触大爱之行项目的同工，个人受益匪浅，懂得做好社工不仅需要热情还需要持有科学的态度。

第三节　与残疾人托养机构合作助残

项目办及负责与残联接洽的督导董淑芬老师在助残社会组织中选择了具有残疾人托养及支持性就业功能的宁馨阳光家园和鼓馨阳光家园进行调研，深入了解这两家助残社会组织的特色及专业性，为残疾帮扶家庭中有机构康复需求及相关灵活就业的帮扶对象提供可比较性选择（见图9－1）。两家残疾托养机构的比较如表9－1所示。

表9－1　两家助残社会组织比较

对比项目 机构名称	宁馨	鼓馨
机构性质	民非组织	民非组织
特色项目	蜗牛慢递、星语小站（西餐、茶点等）、艺术工坊、淘宝网站、特色辅助性就业（联合爱心企业设置专门的辅助性就业岗位）、庇护性劳动等	在郊区有庇护工厂，有精油香皂项目、组装工具、生产手工蜡烛、训练学员乘车等

续表

对比项目 机构名称	宁馨	鼓馨
准入条件	心智残疾。包括自闭、精神疾病和智力残疾两大类。年龄在16—35岁，有一定工作能力	无传染性疾病，无自残、暴力等行为，南京市户口，有基本自理能力
父母是否可同住	可探访，不可同住	可探访，不可同住
入托费用	按照残疾等级收费。针对智力二级，月收费标准为日托550元，全托1350元。提供两天的体验期，用来筛选入托对象，这期间只交伙食费，每餐10元	针对智力二级，日间月收费500元，若从残联打申请，可减免到300元；全托月收费1200元，减免后在1000元左右
入托具体流程	接待服务：填写入托申请表——入托评估——初步评估合格、两天体验期——体验期合格——提交体检报告——办理服务手续：缴费、签订服务协议——服务提供——沟通反馈	残联申请减免费用——中心体验一个月——合格则办理缴费、签订协议

图9－1　2015年1月14日，项目办董淑芬老师和社工王倩到南京市残疾人托养中心——宁馨阳光家园调研，为残疾帮扶对象的托养需求和灵活就业寻找出路

助残典型案例2

帮扶对象：GL—HY家庭

社工：（南京师范大学）王倩

督导：（南京师范大学）匡强老师

（一）案例介绍

两口之家，单亲家庭。夫妻离异，儿子与父亲单独生活在一起。案主HY，男，28岁，智力二级残疾，上过九年特殊培职，患有一种先天性代谢病——苯丙酮尿症（PKU），隐性遗传，导致智能发育障碍，同时患有类风湿性关节炎，需每日吃药，自理能力欠缺。父亲，58岁，初中学历，工伤致残，属于肢体三级残疾人，是某汽轮厂病退职工，每个月1059元退休金。生活来源主要是低保每个月700元。无债务。该家庭目前最大的困难是医药费问题，还有住房问题。该家庭居住环境：老旧社区，一室、一厨、一卫，无客厅。

（二）需求评估

家庭生活方面，案主与父亲生活在一起，父亲对他关怀照顾，虽然父母已经离异，但是母亲每个月还会给案主400元生活费，可以说，案主拥有一定的家庭支持。存在的主要问题体现在：

（1）缺乏社会交往。社会交往方面，案主因为智力残疾，几乎很少进行社会交往，生活圈子里没有朋辈群体。案主生活和社会交往能力不强，需要在社工帮助下挖掘自身潜能。

（2）缺乏社会组织支持。社会支持方面，鉴于案主这种智力二级的现状，对其支持系统进行分析后发现，案主可能需要更多来自社会组织的支持，作为一名心智残疾人，案主需要专门的机构来进行康复治疗。

（三）介入过程

根据前期的需求评估，社工制订了较为具体的服务计划，如表9－2所示：

表 9－2　案主 GL—HY 服务计划

服务对象	GL—HY
问题评估	心智残疾，沉默寡言，缺少社会交往，缺乏自理能力
服务目标	（1）短期目标：言语表达增多，认知增强；自理能力增强，社会交往增多 （2）长期目标：走出家门，走向社会，拥有最基本的生存能力
服务模式	人本治疗模式。人本主义强调人的本质是好的，人都有改变的潜能。关注服务对象本身的发展，帮助开发其内在的资源，促进其逐渐融入社会。服务对象智力二级残疾是一个事实，但是服务对象自身可能还存在可以改变的地方，有一些生活技能是可以培养的，在具体服务过程中，坚持接纳、支持和鼓励的服务技巧，促成服务对象的改变，争取取得一定服务效果，增强服务对象的社会支持
服务方法	会谈法为主、社区座谈法为辅
服务计划与策略	（1）从优势视角出发，帮助服务对象进行初步的言语表达及自理能力训练；（2）整合资源，鼓励支持服务对象及其家属走出家门，加强社会交往；（3）考察社会组织，给予社会康复的建议和资源获取渠道；（4）协助进行社会康复，增强社会支持

（1）定期探访，鼓励言语表达。经过前两次探访的观察，案主喜欢看电视。社工于是从电视节目入手，与服务对象进行沟通。社工问服务对象："喜欢看什么节目呀?"服务对象指着电视屏幕笑。(此时电视里正在放《中国好声音》。) 社工继续问道："喜欢看《中国好声音》呀? 那你喜欢哪位歌手呀?"服务对象只是重复"喜欢，喜欢"，并不回答。社工又简单地和服务对象进行了几次交流，起到一定的鼓励效果。服务对象父亲说，今天是服务对象说话最多的一天。

（2）鼓励走出家门，加强社会交往。服务对象认知方面，能理解别人的话，但较少表达，偶尔以只言片语回应；情绪情感方面，喜欢乐呵呵地笑；行为方面，基本上没有躁动行为，也没有暴力倾向，这也是其接触社会、融入社会的良好基础。与一直乐呵呵，似乎无忧无虑的服务对象相比，其父显得较悲观，感觉生活很艰难，压力很大。笔者给予其鼓励，表示自己能够体会他的心情和他面临的压力。同时让他看到儿子的进步，从儿子身上看到未来的希望。鼓励他带着儿子经常出去转转，和别人进行简单交流。比如旅游、购物等，这些方式都有益于儿子理解生活，认识社会。

(3) 链接和整合资源，为案主寻找助残社会组织支持。笔者与项目办督导老师一起考察了南京市发展较好的两家残疾人托养机构，与两家机构负责人进行了深入访谈。经过观摩和访谈，对两家机构的背景、服务内容、特色项目、接收条件与流程、收费标准等进行了全面把握，并且在征得机构负责人同意的情况下，拍摄了几组照片，列举了两家助残机构的对比表，并及时向服务对象的父亲进行反馈。案主及其父亲表示再考虑考虑，进托养机构可作为一种选择，但目前暂时不需要。考虑到任务和目标已经基本完成，与案主协商一致后，逐渐减少了服务次数，最后依据服务协议顺利结案。

(四) 介入评估

通过对案主的个案介入，使案主的问题得到一定的改善，社会适应能力进一步增强。通过运用人本治疗模式，关注了服务对象本身的发展，帮助其开发内在的资源，促进其逐渐融入社会。

(1) 目标达成情况：通过定期探访、加强交流、鼓励言语表达、培养认知、鼓励走出家门、加强社会交往等方法，促使案主言语表达能力提高，社交生活圈扩大，生活技能提升，距离走向社会、独立生活更近一步。下面是案主父亲的反馈："HY 现在好多了，能够帮我做简单的家务，平时我会带他出去玩儿，近期我们还去了总统府呢。我不带他出去的时候，他还会吵着出去，这种情况以前还没有过呢。他的情况改善了，我们家的生活情况也随着改善了。"社工回复："嗯！那就好，现在天气越来越暖和了，您可以经常带他出去转转，也可以鼓励他跟别人多说话，比如让他向别人问路之类的。"

(2) 介入反思：一是关于同理心，对贫困家庭以及残疾人士提供服务需要良好的同理心和耐心，只有用心去与他们沟通，才能真正走入他们的内心。服务过程中，社工尽量站在服务对象以及其家庭的角度看待问题，取得了良好的效果。二是关于助人自助，服务过程中，作为专业社工，扮演了使能者、教育者和资源联络者的角色，一方面鼓励、推动服务对象及其家庭做出改变；另一方面帮助服务对象改变其错误的社会认知，增强其社会交往等，最终达到助人自助的目标，改善案主本人及其家庭的生活情况。

第四节　借助残疾人救助政策助残

另外，项目办也根据财务状况，给个别需要残疾鉴定的案主报销残疾鉴定费用等，借助已有的残疾人救助政策以缓解残疾人家庭经济压力。

助残典型案例 3

帮扶对象：LH—XSZ 家庭

社工：（南京师范大学）胡晨晨

督导：（南京工业大学）宋巨盛老师

（一）案例介绍

案主 XSZ，女，71 岁，家中有三口人，女儿 32 岁，儿子 35 岁，女儿与儿子均存在智力问题。女儿结过婚，目前处于离婚状态，育有一女，在读小学，跟爸爸在一起生活，家中仅靠几亩田维持，生活十分贫困。案主本人患有脑梗，每天依靠药物维持，目前家中的收入来源主要是低保以及每月的残疾人生活救助金，与邻里的关系处得还不错。

（二）需求分析

经过与户主和其邻居朱女士的交谈得知，家庭虽享有低保待遇，但还是无法缓解家庭的贫困现状，目前其家中面临的主要困难有以下两方面。

（1）儿子、女儿均患有智力残疾，家庭劳动力缺乏，收入来源很少。案主本人及儿子、女儿都没有工作，收入来源主要是低保以及每月的残疾人生活救助金。案主本人年龄已大，患有脑梗，每天依靠药物来生存，家里的医药开支也比较大，所以生活总体比较艰难。

（2）案主家庭希望为其女儿再做一次残疾鉴定。案主女儿和儿子均患有智力残疾，之前已经做过残疾等级评定，属于三级残疾，按规定是不符合重残补助等级标准的，但事实上，根据案主女儿和儿子的实际情况来看是没有任何劳动力的，案主希望我们能够根据女儿的实际劳动情况帮助她再做一次残疾鉴定，尽量为家庭争取更多的补助。

（三）介入过程

（1）借助残疾政策支持。案主儿子急需了解残疾方面的政策，由于缺乏相关的政策知识，即使家中有残疾人，也不能很好地向政府申请相关方面的优惠权益。社工介入后，仔细寻找和熟悉智障残疾的相关低保医疗等救助政策，并告诉案主儿子相关的申请程序，最后由案主儿子本人去进行申请，而社工则在其旁边起到辅助性作用，使残疾家庭能够正常享受到应有的社会保险优待、免费社会福利和社会救助政策。

（2）进行残疾鉴定。社工帮助该家庭在家庭所在区残联提出申请，并且准备了户口簿、身份证、照片等相关材料，去南京市指定的三甲医院做了残疾鉴定，鉴定费用由项目办报销。鉴定的结果是智力二级残疾，服务对象家庭享受到了残疾救济金，缓解了家庭经济压力。整个申请的过程是在社工指导下，服务对象家庭独立完成的，这种过程体现了社会工作者助人自助的本质特点。

（3）与案主邻里保持联系。针对案主本人年龄已大所导致的医药花费问题，除了向相关部门进行沟通以减轻负担之外，另外需要与邻里祝女士保持联系，及时了解该家庭的情况，同时也有助于该家庭更好地生活。利用好社区资源，更好地进行社区照顾，不仅有助于邻里关系的和谐，而且能够节约公共服务资源，提高办事效率。

（四）介入评估

（1）案主状态改善情况：社工介入后，帮助案主家庭链接与邻里的互助关系，邻里经常去案主家中帮忙，在一定程度上减轻了家庭生活的负担。精神生活上，案主明显比以前爱说话，与外人的交流也多了。经济收入方面，除了儿子打工收入之外，也帮其争取到一定的残疾补助金。

（2）案主对社工介入的满意度：根据“大爱之行社工服务综合满意度”的调查访谈得知，案主对于社工服务过程、服务态度以及服务方法上表示了高度的认可和赞同。

（3）调动与使用社会资源的情况：考虑到案主家庭的实际困难和主要的需求，社工介入后帮其联系到邻里以及医院等方面的资源来更好地缓解家庭的贫困状况，借助南京脑科医院的医疗资源来为案主女儿进行智力残疾鉴定以获取残疾补助金，同时又联系到案主邻里在必要的时候帮助案主家庭，以减轻其家庭的生活负担。

（4）社工能力提升：在社工介入案主家庭的过程中，首先，要对制度方面的知识有必要的了解。其次，在参与社工实务的过程中，要借助社工相关的理论知识，不仅促进了专业能力的提升，同时也积攒了社会经验。

第十章

助心理

专业社会工作者的核心功能是“扶志”，通过对贫困家庭进行心理疏导和资源链接，激发起他们自身脱贫的内生动力，通过贫困家庭思想观念的转变实现真正意义上的脱贫。大爱之行项目是借助专业社工和督导的专业化力量合力进行“扶贫”，而这种扶贫不同于以往物质化扶贫的根本点在于通过开展心理帮扶，给予情感支持，帮助贫困家庭中个体改变想法，协调好家庭成员间的关系，再借助一定的外部资源链接，激发起他们自身脱贫的内生动力，最终使贫困家庭有了发展的目标和希望。这个过程我们称为“扶志”。

助心理是我们整个项目的基础和核心功能，即使后续资源链接部分不够成功或者不够充分，都不会影响整个项目的总体发展成效，这与社会工作的功能密切相关，涉及项目的专业性。在本项目 72 户家庭中约有 10 名帮扶对象需要心理帮扶（指其心理问题较为严重），我们借助社工自身的力量，同时进行一定的集体培训学习，加上个别案例的心理老师介入来进行心理帮扶。当然，在政府职能部门及群团组织中还会有一些助心理的社会资源可以去寻求支持或建立资源链接，对于非专业团队的精准扶贫寻求专业化的支持依然可以去链接资源。

第一节　心理帮扶资源

党的十九大报告提出，要“加强社会心理服务体系建设，培育自尊自信、理性平和、积极向上的社会心态”。为此国家卫健委和中央政法委等十部委于 2018 年 11 月推出了《全国社会心理服务体系建设试点工作方案》，提出通过“依托村（社区）综治中心等场所，普遍设立心理咨询室或社会工作室，为村（社区）群众提供心理健康服务”等路径健全服务网络，为各类人群提供心理服务，达成“到2021年底，试点地区逐步建立健全社会心理服务体系，将心理健康服务融入社会治理体系、精神文明建设，融入平安中国、健康中国建设”的目标。[①] 2019年7月，国家卫健委发起健康中国行动之心理健康促进行动，提出到2022年和2030年，居民心理健康素养水平提升到20%和30%。而在各类人群中，贫困家庭成员尤其是贫困家庭子女的心理健康更加值得关注。

一　卫生健康委员会负责大卫生、大健康建设

近年来，南京市卫健委加快了职能转变进程，从大卫生、大健康理念出发，推动实施健康南京战略，以改革创新为动力，以促健康、转模式、强基层、重保障为着力点，把以治病为中心逐步转变到以人民健康为中心，为人民群众提供全方位全周期健康服务。

目前南京市不仅精神专科医疗资源短缺（全市共有精神疾病专科医院8所，床位3000多张），心理咨询服务能力也严重不足。为此，《南京市2018—2020年精神卫生工作规划》提出，不仅综合性医院及其他专科医院要对就诊者进行心理健康指导，社区卫生服务中心（镇卫生院）也要向辖区居民提供心理健康指导。在2019年初召开的全市卫生工作会议上，南京市再次明确加速补齐精神医疗服务短板，指导综合医院、社区医院建立心理门诊、心理咨询室等。

为贯彻落实《全国社会心理服务体系建设试点工作方案》，南京市卫健委、政法委牵头，在溧水区实施全国心理健康服务体系建设试点项目，建立完善心理健康服务体系。以学生、老年人、妇女和残疾人为重点，广泛开展宣传，普及心理卫生知识。建成区心理卫生中心。推进机关、企事业单位和社区心理健康辅导室（咨询室）建设，加强对基层的培训指导，培养一批心理健康辅导员和志愿者队伍。到2020年，二级以上医

① 2018年11月16日，国家卫生健康委、中央政法委等10部门：《关于印发全国社会心理服务体系建设试点工作方案的通知》，见国卫疾控发〔2018〕44号文。

疗机构开设临床心理相关科室，基层医疗卫生机构设立心理咨询室。

二　工会系统的心理咨询服务体系

工会系统的心理康复功能主要体现在工会创建了三级心理咨询服务体系平台，可以更好地作用于困难职工的心理康复。早在 2008 年，市总工会就出台了《南京市职工开展心理咨询的意见》，成立了心理健康中心，后来还设立了“宁师傅”96889910 热线电话为职工提供心理援助。其主要做法是：一是建设三级心理咨询服务体系。市总工会搭建起从市级、中间产业层次到街道层次的三级心理咨询服务体系，共计建立了 100 多个站点，这些站点为职工群众提供了很好的心理健康服务平台，为心理咨询服务的开展提供了很好的载体。二是开展心理健康教育活动。工会系统主要通过普及知识宣传和开展心理教育讲座等形式开展心理健康教育活动。近年来，市总工会每年举办心理健康教育培训班，各基层工会也开展各种形式的讲座。同时，市总工会还通过成立专家咨询团，与华夏心理咨询机构合作等举措，助推心理健康咨询工作的科学化、规范化。三是塑造心理关爱特色品牌。从 2012 年起，市总工会把心理健康教育列为承诺为职工办的十二件实事之一。近年来通过不断新增服务站点，新增培训场次，各个中间层次每年开展 100 场讲座，为万名职工开展心理健康检查，形成了富有特色的诸多品牌。

三　社会团体——南京心理咨询行业协会

南京心理咨询行业协会成立于 2014 年，是江苏省首家在民政部门登记的心理行业社会公益团体，该协会涉及心理咨询、心理教育培训、身心健康、法律等领域。目前该协会已经举办了近百场公益活动，成功举办了三届年会，促进了南京市心理咨询行业的整体发展。

此外，南京市各大高校通常在校内设立大学生心理健康服务中心或类似机构，提供校内学生的心理咨询和心理支持；教育部门要求各中小学至少要配备一名心理健康教育教师，开展学生心理援助；残联系统的康复功能，本身应该具有心理康复的职能，通常借助医疗机构和社会组织的力量为残疾人提供心理援助和心理健康培训；妇联系统通常借助女性社会组织开展困境妇女儿童的心理健康援助服务，2020 年新冠疫情暴发，市妇联在原有12388女性维权热线外，增设了24小时心理援助热线（025－84409566）。

第二节　助心理是社工的核心功能

长期以来，城乡贫困家庭的社会支持以物质性支持为主导，情感性支持相对匮乏。从72户帮扶对象所获得的社会支持来看，他们所获得的社会救助分别来自低保、低保助学、社区、亲属及其他。表10－1反映了被调查贫困家庭的获救助情况，这些社会支持以政府的正式社会支持为主导，支持内容以物质性支持为主导。

表10－1　项目帮扶家庭获救助情况　（单位：户，%）

获救助分类	频数	百分比
低保	34	47.2
低保助学	8	11.1
社区	20	27.8
亲属等其他	10	13.9

一　社工的助心理功能

2017年8月，民政部、财政部、国务院扶贫办出台的《关于支持社会工作专业力量参与脱贫攻坚的指导意见》，提出社会工作可为贫困群众提供心理疏导、能力提升、树立自我脱贫信心等服务，其中心理疏导和树立自我脱贫信心都属于助心理的重要内容，说明助心理是社会工作的核心功能。

帮助城市贫困家庭解决所面临的问题是社会工作义不容辞的责任。社会工作的起点是济贫救困，精准扶贫是社会工作的主要服务领域。社会工作的助人自助、尊重、信任、理解以及案主自决等对提高贫困家庭信心、改善困境有重要意义。

社会工作在社会救助过程中可以在理念层次上发挥作用。所谓在理念上发挥作用，不但指社会工作机构、社会工作者在介入社会救助中发挥作用，而且指所有参与社会救助的人员都应该以关心救助对象的物质帮助和精神生活的改善，以满足服务对象的需要为本，考虑和实施社会救助。社会工作是一种专业的社会服务，不应将它视为一般的救助物资和金钱发放的活动。从专业服务的角度看，他可以在发放救助物资和金钱之余，做受助人员的心理辅导、能力提升和社会融入方面的工作，而这些是传统的社会救助所忽略的，这种忽略使受助人员只得到眼前的、看得见的帮助，而没有得到对其社会系统的全面干预，从而更有效地帮助其走出困境。①

社会工作以“助人自助”为宗旨，旨在挖掘服务对象自身潜能，以使服务对象能够自己改变自己，自己帮助自己。社会工作以助人为主要任务，在助人过程中运用专业方法解决问题并且实现专业价值。在助人过程中，不仅提供物质帮助，更重要的是提供精神层面的支持。在城乡贫困群体中，有相当一部分人因为主观因素而缺少社会支持，比如，存在非理性情绪、获取资源的渠道不畅通、家庭沟通方式和交往方式不正确等。社会工作在这些方面的介入，可以帮助贫困者增强信心，改善非理性情绪，学会正确的交往方式和技能，从而实现“自助”的目的。

二 为社工助心理增能

为增进项目团队在项目帮扶中的心理学技巧，项目办特地邀请南京财经大学甘诺教授为项目团队进行了“大爱从‘心’开始——社会工作中的心理学技巧”的专题培训，从心理学的角度深入理解帮扶对象，共同增进入户技巧（见图 10－1）。

接下来给大家介绍三个助心理案例，其中案例 1 是大爱之行项目的经典案例，估计项目团队至今都还记得那个阳光男孩。让大家能记住 GC—ZL 案例的原因在于 2014 年底社工年前入户后的一次呼救，社工姜荟文在大爱项目 QQ 群里向大家呼救“要救救这个孩子”，因为跟他相依为命的爷爷在几天前的圣诞节出了车祸意外去世。社工第一时间跟区民政取得联系，民政根据孩子家庭情况第一时间给案主上了低保；项目办听取社工汇报后，请南京市社科联科普处心理专家饶红老师三次上门

① 王思斌：《社会工作之真善美》，北京大学出版社 2018 年版，第 411—413 页。

图 10－1　2015 年 6 月 18 日，项目办邀请南京财经大学甘诺教授为项目团队进行“大爱从‘心’开始——社会工作中的心理学技巧”的专题培训

做心理疏导；项目链接资源阶段，为案主链接到草根社会组织为其长期助学到考上大学。这个案例因为突发而引起项目团队的关注，且介入过程成效较为突出，被项目组选出当作经典案例并拍摄了《大爱之行》微电影作为我们整个项目的缩小版进行宣传，具体案例分析如下：

助心理典型案例 1——社工与心理专家的合作

帮扶对象：GC—ZL 家庭

社工：（河海大学）姜荟文

督导：（南京邮电大学）崔效辉老师

（一）案例介绍

案主 ZL，男，11 岁，就读于南京市 GC 区×××小学五年级。2011 年父亲突然患恶性白血病，6 个月后去世。2012 年母亲改嫁，搬离原有家庭，住到男方家，案主 ZL 与爷爷奶奶同住。爷爷奶奶育有两女一男。儿子已经病逝。大女儿，智力有问题，是个残疾人，嫁过人，但是老公也去世了，目前常住敬老院。小女儿嫁在隔壁村，她丈夫是个赌徒，家庭条件也不好，只能照顾自己。爷爷有企业退休金，一个月2000多元，除了还债之外，只能解决基本温饱。2014年12月25日，爷爷外出时不幸遭遇车祸，案主家庭失去经济来源，目前案主ZL与奶奶同住。

在家庭遇到变故后，案主ZL性格由原本的开朗变得内向，除几个要好的朋友外，几乎不参与任何游戏。但是他的学习成绩一直保持优异。喜爱阅读和写作的他，先后获得“第八届全国小学生‘小探索者’科学小论文竞赛”一等奖，GC区“全民节俭活动”小学生征文比赛二等奖。让家人骄傲的是，从小学一年级到五年级，“三好学生”奖状从未断过，在班级的排名一直很稳定。

（二）需求分析

社工通过与ZL母亲聊天了解到，她偶尔来探望ZL，且其现任丈夫对ZL也比较关心。在与爷爷奶奶的沟通中，爷爷表示希望有人可以对ZL进行长期资助，因为老人目前岁数较大，且外债较多，由于孩子成绩很好，不希望他因经济条件中断学习。在与老师的沟通中得知，ZL的学习成绩并没有因为家庭意外而下滑，反而更加勤奋刻苦，愿意帮助同学。但是ZL的确变得很敏感，对他人的帮助很排斥，对一些政策上的帮助，例如特困家庭补助等表示了强烈的反感，不希望自己被帮助。在与同学的接触中，同学们表示ZL成绩没有变化，还是跟以前一样很优异，但是也有同学反映，ZL话变少了，没有以前活跃。跟他在一起会感觉他不快乐。在经历家庭变故后，社工与ZL本人、家庭成员、老师同学等进行了沟通，认为主要有以下四个方面的需求，经过与督导老师的沟通，最后确定以心理疏导需求和助学需求作为帮扶重点。

（1）心理疏导需求。孩子在家庭危机中遭受重大心理创伤，表现为沉默、自闭、敏感等。

（2）助学需求。父亲去世及母亲改嫁后，案主ZL的学费一直是由爷爷负担的，ZL的求学问题在爷爷遭遇车祸去世后尤为凸显。爷爷生前对社工曾说：“我最大的顾虑是我们岁数大了，我们死了以后，孩子的教育怎么办，想找一个人可以长期资助他，这样我们也就放心了。”

（3）经济保障需求。爷爷去世前每月有2000元的退休金，但爷爷去世以后，家庭的经济收入来源中断。

（4）社会支持网络的建设需求。妈妈、奶奶、亲友、邻居、学校老师、同学、村委会工作人员、基层政府官员等作为其社会支持网络的组成部分。

（三）介入过程

社工采用了社会工作个案介入方法，方法依据是社会支持理论。社会支持网络属于社会系统理论的分支，它是指通过社会组织、社会群体和个人之间的互动，形成具有相对稳定性的个人社会关系，个人的社会身份得到维持并且获得物质上、精神上的支持，在情感上获得幸福的援助与服务。根据提供支持的系统不同，社会支持可以分为非正式社会支持和正式社会支持，正式社会支持系统的代表有政府、社区、非政府组织等，非正式的社会支持系统的代表主要有家庭、邻里、朋友、志愿者等。社会支持可以一定程度上帮助个体渡过生活的难关，尽量让个人的日常生活可以正常运行，不至于偏离社会生活的轨道。它具有精神健康的直接缓冲作用和间接缓冲作用。社工针对 ZL 的主要需要，进行了如下支持资源分析（见表 10－2）。

表 10－2　　案主 GC—ZL 的可支持资源分析

<table>
<tr><th>支持类型</th><th colspan="2">资源获得途径</th></tr>
<tr><td rowspan="2">正式支持</td><td colspan="2">市/区民政部门、妇联</td></tr>
<tr><td colspan="2">助学类社会组织</td></tr>
<tr><td rowspan="3">非正式支持</td><td>家庭力量</td><td>ZL 妈妈、ZL 舅舅、奶奶</td></tr>
<tr><td rowspan="2">社会力量</td><td>心理专家</td></tr>
<tr><td>社会爱心人士</td></tr>
</table>

（1）联系民政局申请低保。ZL 家庭经过一系列的变故后，家里没有了经济来源。针对这一问题，首先，社工积极联系了×××村委会，工作人员详细介绍了由于家里已经有 1 人有低保，为了让更多的人享受低保，因此取消爷爷奶奶和 ZL 的低保。在与督导反映后，督导及时联系了南京市民政局，民政部门表示该家庭情况是符合低保的，因此社工积极与 GC 区民政联系，通过沟通，目前案主 ZL 已经享受低保。奶奶由小女儿赡养。

（2）联系心理专家进行心理辅导。大爱之行项目办根据 ZL 的特殊情况，请南京市社科联科普处心理专家饶红老师三次上门做心理疏导，在取得 ZL 妈妈和奶奶同意的前提下，第一次上门以语文作文为切入点，送去相关图书（ZL 的作文是其强项，主要送去的是作文方面的书籍及近期文学经典）和男孩子喜欢的足球（可以约同学一起踢球），还有他上学用的新书包。通过跟他进行知识竞赛的方式赢得他的主动性，约好下次再见面的时候比赛；第一次去的时候他说不会踢足球，我们一起教他怎样踢足球，等我们第三次去的时候他已经约了同学一起踢球啦。很快，案主 ZL 的情绪有了很大的改善，开始变得健谈，心理障碍比我们预计的要小很多，经过几次介入可以很快恢复正常状态。

（3）联系助学类社会组织。在督导许芸老师的帮助下，社工与高淳老街杂坛取得联系，将案主 ZL 的情况和资料反馈给该社会组织。在了解基本情况后，这家草根社会组织对 ZL 的情况进行了现场调查，符合其组织的资助条件，协议对案主 ZL 进行长期资助（每年 4000 元学费），直到其高中毕业考上大学。

（4）与案主 ZL 的妈妈和舅舅沟通以重建家庭支持系统。社工与案主 ZL 妈妈和舅舅进行了多次沟通，妈妈答应会常来接儿子放学并常回奶奶家看望 ZL 和奶奶，舅舅也会在周末抽空带 ZL 出去玩，不让 ZL 有被抛弃感。经过社工的开导和村委会的帮助，案主 ZL 妈妈的现任丈夫也支持她照顾案主，支持她常到案主 ZL 奶奶家走动。

（四）介入评估

（1）案主 ZL 寡言少语现象得到改善，经常主动与小朋友一起玩，压力减小了（案主 ZL 妈妈告诉社工）。妈妈表示非常感谢大爱之行项目对其孩子以及家庭的关心，目前针对 ZL，主要为其提供了专业的心理辅导、链接了助学资助机构，确保其健康、快乐成长。在这个过程中，作为 ZL 的社工，我认为，每一个孩子都是天使，我们需要尊重儿童，深入了解儿童，不能想当然地认为他们所认为，也不能一味地听取家长老师的意见，要与孩子多沟通和交流。

（2）ZL 妈妈目前的压力已经减轻，之前她对孩子将来的教育和两个家庭的处理存在疑虑，经过社工的开导和村委会的帮助，目前已经协调好两边的家庭关系。ZL 妈妈非常感谢社工的帮助，对儿子的将来表示十分放心。介入中期，ZL 妈妈因前任公公去世，开始频繁地回到前任婆婆家，社工与其现任老公沟通，他表示有些不开心但表示理解。社工为此让双方坐到一起，探讨此问题，最后两人达成协议，在不影响现在家庭的基础上，可以常回去看看。介入过程中，社工了解到，每个家庭都有其特殊性，要全面了解每个家庭的情况，针对其特殊性制订介入方案，才能有效地为案主提供服务。同时要学会链接资源，工作才会起到事半功倍的效果。

（3）案主ZL奶奶对社工的态度发生了很大转变。爷爷去世后，经济来源切断，奶奶独自抚养孙子并承受丧夫丧子之痛，对此社工在项目中期对其进行重点介入。主要是通过访谈了解奶奶现有的人际圈，包括孩子、亲戚、邻居等，确定对其有直接帮助的只有案主ZL妈妈一人。因此，通过积极与ZL妈妈沟通，希望她多来看望奶奶。之后与村居委会社工联系为其争取低保，并希望村里社工可以常来看望老人。最终，奶奶和案主ZL一起申请到了一个低保名额，ZL妈妈和村社工也定期前来看望奶奶。奶奶对社工的态度之前是反对的，后来，经过深入的接触，奶奶改变了态度，希望大爱之行项目社工可以常来，并对孙子学费问题的解决表示感谢（见图10－2）。

图10－2　2015年3—4月，项目办请南京市社科联科普处心理专家饶红老师到GC区探望帮扶对象ZL并对他进行心理疏导，帮助孩子从痛失亲人的悲痛中走出来（拍摄者：王加峰）

案例2留给项目团队的最大印象是案主经常找社工微信聊天，有一次聊得太开心了聊到深夜两点多，即使项目结束了，案主偶尔想起来还会去找社工聊聊天呢。

助心理案例2——案主与社工有聊不完的心里话

帮扶对象：PK—GHY家庭

社工：（河海大学）王霞

督导：（南京工业大学）宋巨盛老师

（一）案例介绍

案主GHY，43岁，无工作，未上过学。籍贯四川。案主很少与村民来往，日常生活基本局限于房间，种植花草及十字绣；与公婆、妯娌关系较差，多次有过自杀的想法，曾有一次自杀未遂。身体免疫能力较差，2、3月身体会出现严重的过敏现象，影响到正常生活，经常为没有人照料而感到苦恼。对香烟烟味过敏，存在肛肠类疾病，已经去过三家医院进行诊治，都没有很好的效果，常年吃药。有宫颈癌，已经做过化疗，据医生说，三年来恢复状况良好。性格较为内向、害羞。其丈夫即户主43岁，木匠。经常在外面打工，很少与妻子见面，在平常交流中基本靠电话联系，与妻子思想、情感的交流少。案主女儿20岁，现在是酒店服务生，每月收入在2000元左右。因性格内向，鲜少和母亲说出心里话，担心母亲的身体状况及心理状态，经常回来看妈妈。案主因和公婆住在一个大院，因此案主的家庭类型属于联合家庭类型，其家庭结构图如图10-3所示。

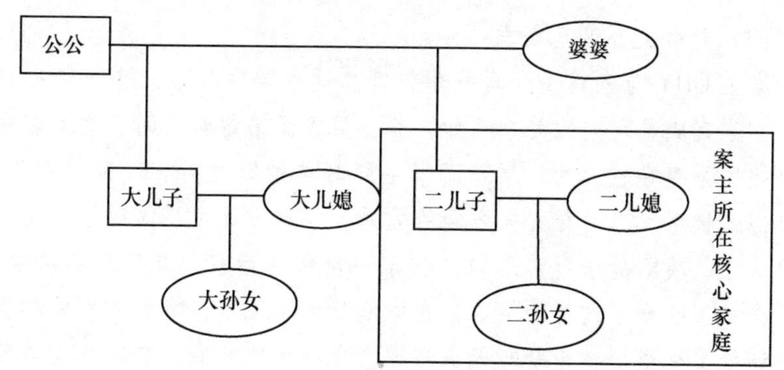

图10-3 案主PK—GHY家的联合家庭结构

（二）需求分析

随着社工与案主及案主家庭其他成员的逐步接触发现，案主、案主家庭成员及案主所在的家庭目前主要存在以下问题，其与服务对象的需求基本对应。

（1）情绪疏导的需求

案主GHY忧伤情绪难以控制，急需发泄自身负面情绪。案主的烦心事无人倾诉。现今，案主家中只剩案主和丈夫，偶尔会去村里逛逛，但是大部分时间会憋在家里，基本没有其他倾诉的渠道。案主在和社工交流的过程中起先不怎么说话，但是随着和社工的熟识，变得滔滔不绝。案主反复地向社工倾诉她遇到过的事情，痛苦的或是快乐的。在倾诉的过程中案主往往能够意识到自己在不停地重复着话题，怕会遭到社工的厌烦，常常对社工这样说道："你不要嫌我烦啊，我是不知道和谁说。"

（2）社会交往的需求

案主常有明显的孤独感，希望能走出房间，结识更多的村民和朋友。X社区里的村民经常会用玩牌、跳舞、在村中心聊天来打发时间，而对于案主来讲，她很少玩牌，又不愿意去村中心人多的地方，即使是想多和村里的妇女多来往也不会主动去找。案主待在家中基本上是靠单一的形式——看电视来打发时间，而有时候案主会选择冥想来度过时间，这无疑会增加案主的无聊感和思想负担。而在长时间这样的状态下，案主的孤独感也会逐渐增强，进而影响到案主的日常情绪和情感体验。

（3）社会关系调适需求

案主GHY与家庭成员间关系较差。这主要表现在三个方面：一是与男方家庭成员之间的关系。如公婆、男方兄弟姐妹之间。案主家庭中的婆媳关系存在较大的矛盾。而案主同时与妯娌之间有过激烈的争吵，双方怨恨极深。二是与丈夫之间的关系。在这方面主要体现在案主在家庭事务上的决断处于弱势地位，在家中没有说话权，其意见不被尊重。案主向社工吐露了这样的烦恼：在家庭日常交往中，案主的丈夫和自家兄弟姐妹交往很好，但是却很少搭理案主的娘家亲戚，有时甚至会阻碍案主与娘家兄弟来往。在案主丈夫看来，案主没有和娘家亲戚交往的必要，有他的亲戚就可以。三是与女儿之间的关系。案主希望能够与女儿有更多的交流，但是因为女儿性格的缘故，在个人生活上的问题很少与案主交流，比如女儿谈恋爱的事情，案主知道得很少，很想知道得多一点，并帮助女儿进行分析。

(4) 其他需求

如房子漏水，以及盖房子的问题。案主 GHY 家的房子在下雨的时候房子一个角落漏水，这是她急切想改变的。GHY 因为身体的原因，希望能够在自己的房子上盖二层，或是扩大住房面积以期自己的女儿结婚后能和自己住在一起，照顾她以后生活。

(三) 介入过程

(1) 调节情绪情感

首先，社工帮助案主进行情绪释放，即将负面情绪及时抒发。案主因为性格内向且无知心朋友的缘故，其在生活中聚集的郁闷情绪往往得不到抒发，这致使其对生活的态度较为消极。因此，为案主提供及时的情绪发泄渠道显得尤为必要。社工在干预过程中与案主进行网上聊天，面对面交流以及通过增加朋友间闲聊的机会等多种方式进行情绪疏导，使其负面情绪能够得到及时的释放，这对提升其情感体验以及身体健康方面有着较为重要的作用。其次，帮助案主提升自信和他信。案主在情感方面得不到安慰往往是因为身边的人给予不了应有的肯定和关怀。案主夫妻双方基本很少交流，甚至彼此缺乏关心。帮助案主提升自信和他信都是能够提升案主情感体验的良好途径。社工通过发掘案主优点的小组活动，让案主身边的人从案主的优点中获取快乐或方便，从而建立起案主的自信心，同时能够获得身边人对其的改观，使其能够在日后的生活中获得更多的认同与关怀。

(2) 促进社会融入

案主一直难以适应当地的传统文化。虽然案主已经进入该社区时间已久，但是其对当地的传统礼俗仍然是一知半解，这在平时表现为不同的行事风格，但是在较为重要的场合或是节日的时候就会明显表现得不懂礼节、难以教化，有时甚至会遭人诟病。为提升这方面的适应能力，社工在当地寻找对当地风俗较为熟悉的本地人对其进行讲解，希望她能够更好地适应所在地的传统文化。

(3) 增进社会交往

案主的生活环境主要包括社会、社区、朋友圈、家庭这四大系统。考虑到社工力量的有限，主要通过展示自身优点的方式让更多的人增加对案主正面的认识。通过举行老乡聚会，帮助案主建立更多的朋友圈，扩大其生活交际范围；通过与家庭成员的沟通，达到案主与家庭成员之间畅通沟通、互相理解的目的。

(四) 介入评估

(1) 案主精神状态得到明显改善

通过社工情感方面的介入，案主的精神状态已经得到明显的改善，这在社工的观察和案主的反映中都有所体现。通过社工的心理疏导之后，案主将自己的心事几乎全部吐露，在实际介入之后社工入户时发现其精神状态有极大改善，与之前的状态相比，案主现今的状态面色红润、神采奕奕，并且主动与社工进行交谈，没有拘束，面带微笑，并很主动地让社工参观自己的十字绣成果。而且表示现今自己不仅没有了自杀的念头，而且再也不会担心自己和公婆、妯娌之间的矛盾了。另外，按照社工的建议，案主和女儿进行了交谈，女儿如实将案主的情况与案主丈夫进行沟通交流，案主丈夫不仅在兄弟姐妹面前为案主说理，这使得案主由衷地高兴，同时考虑了案主的身体、精神状态，贷款买了新的房子，等待装修之后就会远离公婆而住，案主开心地说："我的身体状况不好，等房子装修好了，我就立马搬过去，没想到我在有生之年还能住到新房子。"

(2) 案主的自我意识开始觉醒

案主之前认为自己是全身心为家庭而活，尤其是为了孩子，基本丧失了对自我的关注。在社工介入之后，案主意识到自己的处境。案主这样说道："你给我们讲了讲我们才知道，原本我们每天就这样，瞎活呢，根本不知道除了家庭、孩子之外还要顾自己。我原本就觉得家里的事情都是我做，即使有矛盾也不去想了，为了孩子，为了这个家。现在想来我也得自己活得开心。"案主又反映："我回来和我女儿说了，我女儿赞成，以前我买个衣服因为家庭条件差，能不买就不买，女儿劝我我也舍不得，现在想来买了衣服我可以开心，我开心女儿也替我开心。这么大岁数了，我想开了。"案主自我意识的觉醒不仅是案主关注自我的开始，同时是案主寻求自我发展的前提条件。

(3) 社会交往能力有所提升

案主的交往积极性增强，无论是和娘家亲戚的交往以及和村民的交往，案主多次尝试主动联系并获得了较好的成效。案主比以前更好地了解并融入了当地的风俗文化，交际圈也有所扩大，通过老乡之间的互相介绍，案主加入了老乡姐妹朋友圈。

当然也存在着不足：一是对环境的改善成效甚微。要改善案主的社区生活环境很难，案主 GHY 是多年的“外来媳妇”，社区对“外来媳妇”有较重的歧视，其人与人的交往也是同家族、同姓之间的交往，因此其排外性均较强，短期的宣传倡导难以奏效。二是社工整合资源的能力有限。社工的服务主要集中在精神情感以及交往技能方面，对案主所提出来的经济方面的要求社工却是不能够满足。

助心理典型案例 3 最大的特点是单亲家庭，社工费了很大的劲儿帮忙链接资源，才使帮扶对象由最初的抵触走到最后的接纳欢迎，一路走来很是辛苦。

助心理案例 3——链接到心理咨询机构

帮扶对象：QH—JBY 家庭

社工：（河海大学）崔丹丹

督导：（南京大学）任正臣老师

（一）案例介绍

一家两口，单亲家庭。案主 JBY，女，44 岁，离婚，与女儿生活在一起。案主患有严重的精神分裂症，情绪压抑，无处发泄。女儿 20 岁，准备考研。家庭无经济来源，主要靠低保和娘家人补贴生活。

（二）需求评估

(1) 心理疏导或医治需求

案主精神分裂症严重，情绪压抑，无处发泄。案主说她的这个病从离婚后就开始了，严重起来她自己也不知道自己是谁，看过医生，医生也治不好，没有办法，她自己平时会看一些关于心理方面的书籍。这个不是短时间能够解决的，准备链接资源，找一些心理咨询机构。当下可以推荐一些正能量的书籍给案主看，因为她说她比较喜欢看书。鼓励案主参加社区活动，多走出去。

（2）助学需求

案主表示特别关心女儿的学习，这是很好的突破口，也是社工较容易联络资源解决的问题，所以社工将为案主女儿助学作为突破口和帮扶重点之一。和她女儿联系，帮助她女儿准备考研的事，寻找一些资源。

（3）经济需求

等案主心理稳定下来后，尝试着帮案主找一份可以在家里做的兼职，可以减轻一些案主的经济负担。初步打算让案主多养些盆栽，拿出去卖，这样既可以转移案主注意力，也可以增加一些收入。

（三）介入过程

（1）针对案主女儿的助学需求

依据社会支持理论的观点，对那些社会网络资源不足或者利用社会网络的能力不足的个体，社会工作者致力于给他们以必要的帮助，帮助他们扩大社会网络资源，提高其利用社会网络的能力。社工通过自己认识的朋友以及朋友的朋友，来获取到案主女儿想要考取南京农业大学景观设计专业的在读研究生，为案主女儿介绍一些关于本专业考研应该注意的地方和所需的专业知识。

（2）针对案主的心理疏导或医治需求

通过与区民政科长联系，联系上QH区×××心理辅导机构，机构愿意为案主提供长期的免费咨询服务。在社工再次跟案主沟通的时候，案主表示对机构咨询不够信任，所以社工又提供了一些与心理学相关或者充满正能量的书单给案主看，让她自己觉得有需要的时候再去找机构帮忙。

（3）针对经济需求

帮助案主找工作，由于案主自身精神问题，所以只能找一些在家里做的兼职，案主以前尝试过做一些手工，但是做不好，因为没有耐心，所以找兼职也不好找。通过观察案主家里的情况，发现她爱养花，就建议让她养一些植物来卖。

（四）介入评估

（1）案主的精神状态：整体有所好转。由于案主女儿的学习问题得到解决，案主的精神变得振奋起来，开始主动联系社工，跟社工谈最近的生活状况。还和社工谈一些书上的内容，比如弗洛伊德的梦的解析等内容。案主女儿的助学问题基本解决，社工帮她女儿找到了相对应的辅导人员，并且和她女儿保持微信联系，以便了解其学习情况。由于案主不愿接受社工提出来的工作方案，所以家庭经济状况并没有什么改善。

（2）案主对社工的态度：由一开始的不相信、不欢迎和怀疑，到后来开始接受欢迎，还主动和社工聊天，诉说自己最近的情况，分享案主女儿的事。整体上案主对整个服务过程是满意的，虽然经济上没有给予案主直接的帮助，但是案主最关心的问题解决了，案主觉得很开心。

（3）社会资源的使用情况：①大爱之行项目办公室，项目办为我们提供了资金支持供我们实践；项目办的老师和督导为我们的工作排忧解难，提供技术指导。②社区，社区人员作为中间链接人员，每次带我们入户，在访谈中有听不懂的语言，社区人员做及时的翻译，并且通过社区社工了解了更多案主的情况。③社会组织，社会组织为案主提供一些心理咨询，虽然案主不愿意接受，但是还是要感谢社会组织的热心帮助。④同学资源，我的同学帮我联系资源，帮助案主女儿找到考研辅导人员。

（4）关于社工能力提升方面：①沟通能力的提升。一个人尝试着做个案，从接案阶段案主的不欢迎到后来案主愿意主动和社工聊天，中间都需要与案主沟通，找到案主感兴趣的话题。②实务能力增强。整个服务过程，就是将所学的理论知识运用于实践的过程，在实践过程中发现所学知识的欠缺，理论与实践的冲突等，这同样也是一个学习的过程。

第十一章

服务成效

2016 年 12 月 2 日，民政部社会工作司在北京举办了大爱之行项目结项会议。作为全国 20 个重点示范项目之一的“南京市级重点困难群体帮扶行动”项目成效突出，顺利结项，评估结果为“突出表现的项目”（全国 20 个重点示范项目中共有 6 个项目获此殊荣）。回看项目的突出成效，主要体现在贫困家庭自我发展能力的提升，帮扶模式（帮扶过程的归纳），帮扶指南的形成以及项目团队的成长上。至于贫困家庭的自我发展能力提升，虽然有助学、助医、助就业等方面的显性数据，但笔者认为它的主要成效还是体现在帮扶对象心态的变化上，由心态变化而引出自身发展的动力（见图 11－1、图 11－2）。

图 11－1　2016 年 5 月 9 日，“南京市级重点困难群体帮扶行动”项目在南京市社会科学院六楼会议室接受来自民政部大爱之行项目办公室项目评估小组的结项评估抽查，项目办董淑芬老师向评估小组做项目汇报（拍摄者：孙峰）

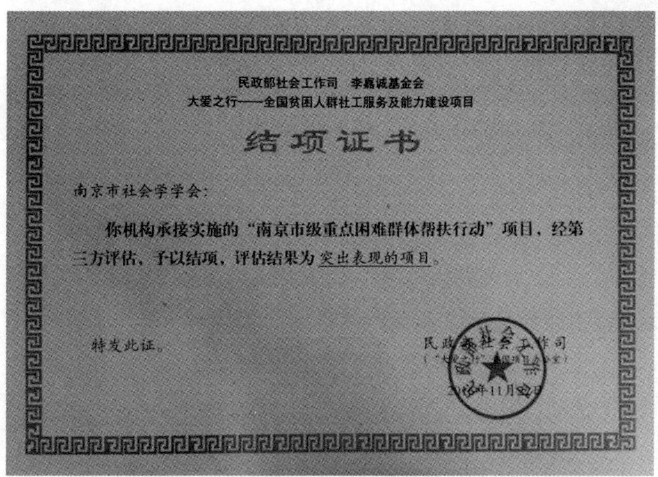

民政部社会工作司　李嘉诚基金会
大爱之行——全国贫困人群社工服务及能力建设项目

结项证书

南京市社会学学会：

你机构承接实施的“南京市级重点困难群体帮扶行动”项目，经第三方评估，予以结项，评估结果为突出表现的项目。

特发此证。

民政部社会工作司
（“大爱之行”项目办公室）
20[illegible]年11月[illegible]日

图 11－2　2016 年 12 月 2 日，在民政部社会工作司在北京举办的“大爱之行——全国贫困人群社工服务及能力建设项目”结项大会上，“南京市级重点困难群体帮扶行动”项目被第三方评估为“突出表现的项目”

第一节　帮扶家庭贫困现状的改变

本节主要从三个层面，即帮扶家庭自我发展能力的提升、帮扶家庭的服务满意度和帮扶对象受到心理触动来展现帮扶家庭贫困现状的改变。

一　帮扶家庭自我发展能力的提升

如前几章详述，通过专业的社工服务介入，在社工和督导的协作互动下，开展助医、助学、助技助业、助残、助心理，72 户帮扶对象的重点帮扶方案得到了有效执行，贫困家庭的自我发展能力有了较大的提升，具体指标如表 11－1 所示。

表 11－1　　贫困家庭自我发展能力提升的具体表现

项目的主要目的	项目的实施路径	项目的实施成效
改变帮扶对象的精神状态	完成 72 户家庭每月 1 次的入户访谈加电话访谈，开展心理培训，心理专家上门，链接心理咨询机构等	专业社工通过倾听帮扶对象的诉求，与帮扶对象进行心理沟通，协调其家庭内外部关系，为帮扶对象解决一些实际问题，改变他们的精神状态
增进贫困残疾人的自理及生存能力	与残联建立合作关系，有重点地进行帮扶；与助残机构合作，为困难残疾人提供选择	2 人进行残疾认证，多人解决残疾轮椅，多人实现灵活就业
提高帮扶对象的就业技能和就业能力	重点与市总工会职工援助服务中心合作开展就业技能培训及就业指导	1 人办理《就业登记证》，1 人解决就业，3 人毕业后实现自主就业，多人实现临时就业，多人参加培训
资助贫困学生学费	熟悉"春蕾圆梦行动"申报流程；借助爱心企业家和高淳老街杂谈助学圆梦之家开展捐资助学	实现 14 户家庭、16 名困难学生的全面助学，其中 2 人被资助到高中毕业，其他 14 人资助两年
增强帮扶对象的医疗康复技能及心理健康知识	南京秦淮区癌友康复协会志愿者上门心理疏导、中医志愿者上门服务	4 人接受医疗咨询和心理疏导服务，3 人进行中医康复指导

（一）心理疏导方面——一定程度上缓解了帮扶对象的心理困境

通过近一年的专业社工入户帮扶，在一定程度上缓解了帮扶对象的心理困境。一方面社工每次入户都会认真倾听案主的心理诉求，与案主进行深入沟通，了解案主近期的状况和改变，有针对性地为案主排忧解难。在入户以外的时间，社工也会通过电话、微信、QQ 等方式与案主保持沟通。另一方面，社工或项目办也会链接外界的专业资源进行帮扶，例如安排心理专家给项目团队进行培训，个别案例邀请心理专家上门服务，链接相关的心理咨询机构等。

（二）助学方面——借助爱心企业家和民间社会组织实现了14户家庭、16个孩子的全面助学

在助学方面，首先是与市妇联对接资源，开展“春蕾圆梦行动”申报，熟悉申报流程，便于有适合条件的帮扶家庭子女进行申报。其次，项目督导南京财经大学许芸老师与高淳老街杂坛进行对接，将高淳区低保家庭中有助学需求的ZL（学生）和LXC（学生）转介给高淳老街杂坛，经实地考察两名学生均符合该组织的资助条件，高淳老街杂坛决定每年资助这两个学生（当时一个上五年级，另一个上七年级）现金4000元，一直资助他们到高三毕业考上大学。最后，在市慈善总会的协助下，项目办与三位爱心企业家取得联系，他们愿意资助项目中其余需要助学的12户家庭的14名困难学生两年的学费，共计10万多元。

（三）医疗康复方面——借助南京市秦淮区癌友康复协会和义诊中医进行了医疗康复指导

在医疗救助方面，项目办与市卫生局基层处建立合作关系，请社区医院对帮扶对象进行志愿帮扶，联系志愿医生给予专业的康复指导。项目督导匡强老师将有医疗康复需求的案主信息与志愿医生进行对接，选取志愿医生专业所长的医疗服务，最终确定3户入户康复指导。项目督导董淑芬老师联系到秦淮区癌友康复协会，让癌友志愿者现身说法，对4户患有癌症的帮扶对象进行了医疗咨询和心理疏导服务，鼓励帮扶对象保持好心态，开导患者及其家庭成员积极面对生活。

（四）助残方面——在残联就业处的协助下解决轮椅需求、进行残疾认证和多人灵活就业

在助残方面，在残联就业处的协助下，一方面解决帮扶对象提供轮椅等物质帮扶，帮助有残疾认证要求的帮扶对象进行残疾认证；另一方面协调各方面的资源，努力为有意愿工作的帮扶对象提供再就业机会。项目办考察了两家残疾人托养机构，希望为项目中有托养意愿的残疾人提供机会。在残联就业处的协助下，解决了项目中下肢残疾案主的多个轮椅需求，项目办出资为家庭贫困的2名案主进行了残疾等级鉴定，另外还有3名残疾人实现了灵活就业。

（五）技能培训方面——与市总工会职工援助服务中心合作进行就业技能培训

在就业与技能提升方面，对于有劳动能力的案主，社工鼓励案主通过招聘会、社区工作人员介绍等方式实现自主就业或创业。对于有技能培训需求的案主，项目办与市总工会职工援助服务中心建立了合作关系，在对接需求基础上进行了技能提升培训。项目办和督导宋巨盛老师与南京市总工会职工援助中心进行了洽谈，链接上职工就业援助和培训的资源。市总工会职工援助中心给大爱项目中的 GL—YHT（属于困难职工）介绍工作，针对非职工但有就业或培训需求的案主，市总工会以最优惠的价格提供培训，由大爱项目办缴纳相关培训费用。有两位案主就是通过社区或民政部门的工作人员介绍找到了工作，一般为安保、保洁等技能含量较低的工种。另外，据社工反馈有 5 位案主或者配偶有职业技能培训的需求，已与市总工会职工援助中心进行过沟通和培训课程对接。

二　帮扶家庭的服务满意度

项目进展到最后阶段入户结束时，社工跟服务对象签订《社工服务中止协议》的同时，面向 72 户贫困家庭进行了满意度调查，调查内容一方面涉及对社工服务态度、工作方法、整个服务过程的满意度和自身状况改善的满意度；另一方面调查了社工介入前后，社区干部服务态度、自身经济状况、自身精神状况和寻求外界帮助方面发生的变化。调查结果显示，经过专业社工介入及后续的资源链接，帮扶对象的精神状态发生了很大改变，他们对自身状况的改善表示满意，对项目的社工服务态度、社工工作方法及整个服务过程表示了充分肯定。

（一）84.5%的帮扶对象表示自身精神状态发生了改变

具体来讲，58.6%的帮扶对象表示精神状态“变好了”，25.9%的帮扶对象表示精神状态“非常好”，只有 15.5%的人表示“没有变”。如图 11－3 所示。

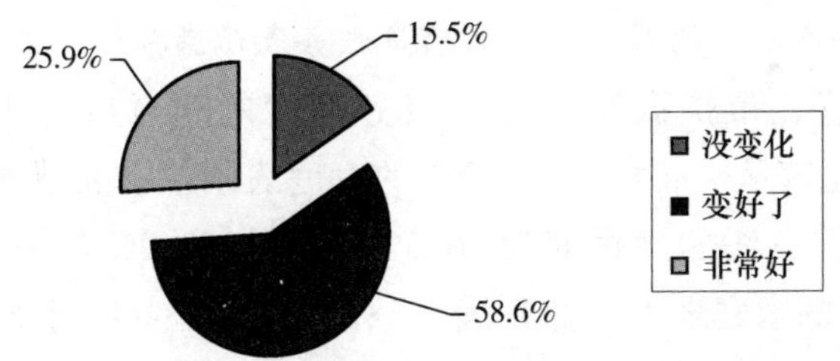

图 11－3　帮扶对象的精神状态变化

GL 区帮扶对象 YHT：“我现在整个人感觉轻松了许多，心理负担减轻了许多，情绪稳定了，不再认为自己失业是无能的表现，我应该向前看，我身体已经好转，还有家庭和朋友的支持，总会找到合适的工作的，我对未来还是很有希望的。天气渐渐暖和，有空我就去公园转转，放放风筝，这对我的腰椎挺有好处的。”

GL 区帮扶对象 HY 的爸爸：“HY 现在好多了，能够帮我做简单的家务，平时我会带他出去玩，近期我们还去了总统府呢。我不带他出去的时候，他还会吵着出去，这种情况以前还没有过呢。他的情况改善了，我们家的生活情况也随着改善了。”

（访谈员：社工王倩）

（二）75.8% 的帮扶对象对自身状况的改善表示满意

具体来讲，37.9% 的帮扶对象对自身状况的改善表示“非常满意”，37.9% 的帮扶对象表示“满意”，22.4% 的帮扶对象表示“一般”只有 1.7% 的帮扶对象表示“不满意”。如图 11－4 所示。

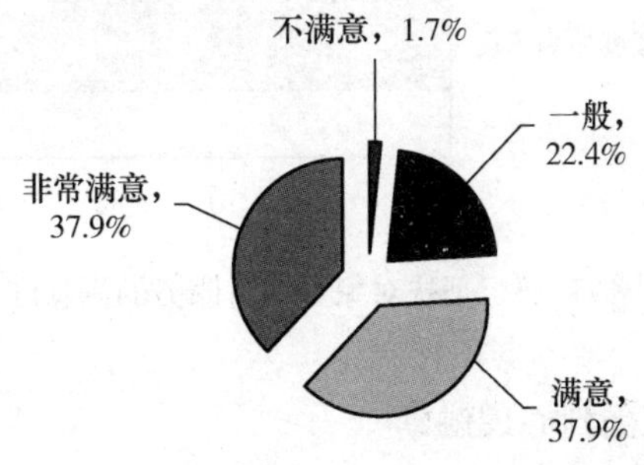

图 11－4　帮扶对象对自身状况改善的满意度

（三）96%以上的帮扶家庭对项目服务表示满意

具体来讲，帮扶家庭对社工服务态度的满意度为100%，其中32.8%的家庭表示“满意”，67.2%的家庭表示“非常满意”；帮扶家庭对社工工作方法的满意度为96.6%，其中50.0%的家庭表示“满意”，46.6%的家庭表示“非常满意”；帮扶家庭对项目整个服务过程的满意度为98.2%，其中44.8%的家庭表示“满意”，53.4%的家庭表示“非常满意”。如图11－5所示。

> GL区帮扶对象YHT对社工服务的总体评价：“好，我很满意！我真的很感谢这段时间以来你对我的帮助，以前我的心里就像压着一块大石头，现在终于放下来了。我们家的关系变得融洽了，欢声笑语多了，生活好像重新燃起了希望。我希望我的朋友也能得到你的帮助。”
>
> （访谈员：社工王倩）

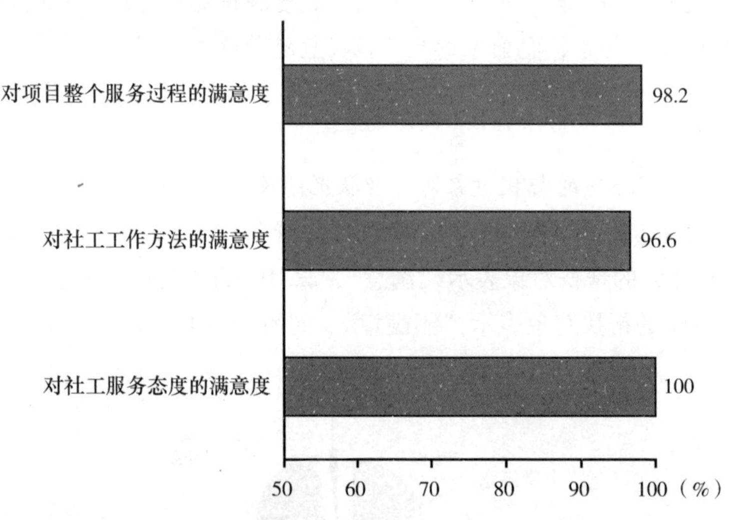

图11－5　帮扶对象对项目服务的满意度

三　帮扶对象受到心理触动

大爱之行项目结束后，应民政部大爱办的要求，项目办对部分服务对象进行了服务成效回访，帮扶对象或者其家人对大爱之行项目进行了一系列积极的反馈，整体上肯定项目介入后对自身及家庭的触动，愿意更加努力积极地面对生活，对未来生活更加有信心。列举如下。

（一）被访者：案主 GC—ZL 的妈妈

表 11－2　　案主 GC—ZL 的妈妈项目实施前后发生的变化

类型	项目实施前，您是否存在这方面问题	在接受了项目提供的服务后，您这方面问题是否发生正向变化
认知问题	对自己的家庭很无奈，觉得是老天爷的安排	外人都在真心帮助你，没有理由不好好的生活并教育好孩子
态度问题	儿子以前学习成绩好，最近不跟老师同学交流，学习成绩下滑	跟社工进行百科知识竞赛，激发学习兴趣
行为问题	儿子沉默寡言，不跟同学一起玩	董老师、饶老师他们带来了书和足球等孩子喜欢的东西，陪孩子一起玩，让他带同学一起玩，孩子慢慢变得比以前开朗了
技能问题	对孩子的内向和所受的打击，成绩下滑，心痛，但没办法	在心理老师的帮助下，孩子变得活泼起来，今年升入了理想初中，还将长期得到机构的学费资助

案主 GC—ZL 妈妈表示："我非常感谢董老师他们的帮助，我会永远留着她的电话号码，等 ZL 长大了，我会告诉他这些都是帮助过你的人，让他懂得感恩社会。"

（二）被访者：案主 JY—FJ（学生）

表 11－3　　案主 JY—FJ 项目实施前后发生的变化

类型	项目实施前，您是否存在这方面问题	在接受了项目提供的服务后，您这方面问题是否发生正向变化
认知问题	开始认为我接受了别人的帮助，就在一定程度上低人一等	认识到了工作没有贵贱，同样，人和人也是平等的，不能因为接受别人的帮助就否定自己的价值

续表

类型	项目实施前，您是否存在这方面问题	在接受了项目提供的服务后，您这方面问题是否发生正向变化
态度问题	人和人有贫富差距，也就有自己的活动范围，不愿越界	与人交流，不看贫富，只看感情，性格，默契度
行为问题	无不良行为	无不良行为
技能问题	妈妈有乳腺癌，靠爸爸一个人养家，两个孩子上学，没有出路	我爸爸参加了工会的培训，找到了临时工，收入有了些提高；大爱项目为我和妹妹提供两年的学费资助，家庭境况有了很大改善；在大爱项目资助下，我今年考上了研究生，以后我会好好工作努力回报社会

案主 FJ 表示："希望大爱项目能够持续开展下去，让更多的人受益。"

（三）被访者：案主 XW—DJY（学生）

表 11－4　　案主 XW—DJY 项目实施前后发生的变化

类型	项目实施前，您是否存在这方面问题	在接受了项目提供的服务后，您这方面问题是否发生正向变化
认知问题	我的家庭很困难，但我很爱我的家庭，尽管困难，但我从未嫌弃过我的生活。我母亲身体不好，她因为筹钱供我和弟弟上学操劳过度，因为这个我非常痛心	家庭里有了更多的希望，觉得社会没有抛弃我们这样的家庭，心里觉得很安心
态度问题	我觉得我的家庭虽然贫困，但要有志气	热爱生活，积极面对生活
行为问题	无不良行为	无不良行为
技能问题	对社会认知少，接触社会的机会少	认识了很多自主创业的老板，教会了我们很多坚持自我，实现自我价值的方法，要肯吃苦，要坚持

案主 DJY 表示："给予人心温暖，真诚感谢大爱之行这个项目，给

了我很多动力，让我更好地去生活，去了解这个世界。”

（四）被访者：案主 QH—HC 的爸爸

表 11－5　　案主 QH—HC 的爸爸项目实施前后发生的变化

类型	项目实施前，您是否存在这方面问题	在接受了项目提供的服务后，您这方面问题是否发生正向变化
认知问题	觉得孩子出了问题，我当时医院就诊时没选择好，是我们做家长的责任	赵医生告诉我们，儿子的病情不是我们的责任，除了照顾好儿子之外，我们也要好好生活
态度问题	儿子倒下后觉得天塌了，无力改变现状	要好好工作，认真生活
行为问题	我们到处求医，希望尽全力医治儿子，顾不上自己的死活	学会正确看待儿子的病，认识到即使有一天儿子走了，两个人还有自己的工作和生活
技能问题	想学习给儿子推拿的技巧	在赵医生的帮助下，学会了给儿子推拿的技术，有问题可以随时请教赵医生

案主 HC 的爸爸表示：“真心感谢大爱项目给我们提供的帮助。”

（五）被访者：案主 QX—WJM 女士

表 11－6　　案主 QX—WJM 女士项目实施前后发生的变化

类型	项目实施前，您是否存在这方面问题	在接受了项目提供的服务后，您这方面问题是否发生正向变化
认知问题	我觉得得了乳腺癌，一切都没有希望了	通过他们的开导，我想开了好些，认识到得了癌症也一样要正常生活
态度问题	我对生活没了信心，什么都不想干	更加积极地参加癌友协会组织的活动，跳舞、爬山等
行为问题	过分依赖女儿，觉得她是我唯一的希望	能够自己照顾好自己，给女儿更多的信心
技能问题	吃低保，从没想过工作，自己也照顾不好，女儿学费经常找人帮忙	学会自己照顾好自己，大爱项目解决了女儿的学费问题，她今年考上本科我很高兴

案主 WJM 女士表示："希望大爱项目能够继续下去，帮助更多像我这样的家庭。"

第二节　项目团队专业能力的提升

经过一系列有针对性的学习培训，项目团队一起学习一起成长，经过项目实践，项目督导进行了扶贫实务探索，项目社工也受到了社会磨炼。

一　在学习培训中共成长

学习培训是项目团队成长的重要保证。一方面项目办积极参加民政部大爱项目办的培训（见表 11－7），通过民政部大爱项目办的培训，项目办董淑芬老师等成员的社工意识与社工理论和实务水平有了较大提高。另一方面项目办相继组织相关领域专家为项目团队先后开展了"扶贫帮困行动的实务逻辑""社会工作实务研究""如何做好项目的需求评估""南京市社会组织的运营与发展""社会工作中的心理学应用——从'心'开始"等一系列有针对性的专题培训，给予项目团队以智力和实践的支持，既有助于提高项目团队的理论水平和实践能力，也有助于提高项目服务的整体水平（具体内容详见第三章）。

表 11－7　项目办参加民政部大爱项目培训（六次）

日期及时间	地点	主要培训内容
2014 年 6 月 17—18 日	青岛	项目启动实施会议暨项目承接机构管理人员培训
2014 年 8 月 27—30 日	汕头	民政部大爱之行重点项目行动研究专题培训
2015 年 2 月 2—4 日	厦门	举办社会工作标准化专题培训
2015 年 4 月 16—20 日	合肥	项目中期成果交流会暨社会工作服务与管理专题培训
2015 年 7 月 7—11 日	深圳	全国专业社会工作高级人才研修培训
2016 年 11 月 31 日—12 月 2 日	北京	民政部大爱之行项目结项培训

作为项目办常务负责人，董淑芬老师参加了民政部大爱之行项目的全程培训及中期和结项评估过程。从项目启动会议伊始，民政部大爱之行项目办就对项目负责人的培训进行了有意识的引导，青岛会议重点培训项目实施要求尤其是财务管理要求；汕头会议重点开展行动研究暨研究与实证为本的服务设计培训；厦门会议重点培训社会工作标准化的方法；合肥会议重点开展中期评估交流及指导如何开展中期评估；深圳会议重点培训社会工作的国际经验借鉴和实证社会工作绩效导向问题；北京会议重点开展结项交流和大爱之行项目总结培训。通过一系列培训，大爱之行项目的主要负责人对于如何设计项目以及项目开展的流程以及项目评估等方面专业化知识有了进一步掌握，促进了项目主要负责人社工理论和实务水平的提升。每次会议结束，董淑芬老师向项目团队传达培训会议的主要内容，并将相关培训课件传达到项目 QQ 群，带动项目督导和社工一起学习、实践（见图 11－6）。

图 11－6　2014 年 6 月 17—18 日，项目办董淑芬老师参加了在青岛举办的大爱之行项目启动实施会议暨项目承接机构管理人员培训

项目团队中有 3 名专业社工（王倩、王霞和钟杏燕）和 1 名督导（南京工业大学宋巨盛老师）以项目服务实践为基础撰写了硕士与博士学位论文。经过大爱之行项目的实践与锻炼，参与项目的实习生与多名优秀社工（大爱项目共评选出 8 名优秀社工，见图 11－7）在毕业后选择继续从事社会工作行业，专业的社工理论基础加上优秀的社工实践经历，使得他们均在就职的社工机构中表现突出，成为社工机构的骨干力量。

图 11－7　2015 年 6 月 18 日，项目中期评估会议上表彰优秀社工

在项目即将结束的 2016 年 1 月，项目办进行了优秀督导推选活动。采取督导互评（占 60%）和项目办推荐（占 40%）相结合的方式，坚持 3 项评选原则，在 12 名督导中评选出 7 名优秀督导，他们分别是许芸、刘畅、董淑芬、宋巨盛、崔效辉、匡强、任克强。项目督导们不仅在本次大爱之行项目中发挥了重要作用，对未来城乡贫困群体项目的专业化发展以及开展政策引导方面也将发挥重要作用。

二　督导团队的探索

作为民政部大爱之行项目的重点示范项目，“南京市级重点困难群体帮扶行动”项目是南京市首次开展的专业化精准扶贫探索，没有现成的经验可以借鉴，项目前期构想要在社工实务中实现，需要及时根据现实情况进行调整。项目办和督导团队引导社工团队边探索边研究边修订，努力实现项目目标。督导团队通过入户及社工引导，既掌握帮扶对象一线情况，又要探索帮扶方案，再加上民政部大爱办的培训引导及项目办自身的培训学习，增强了社会工作专业理论和实务技巧方面的能力，增进了团队合作与友谊。

通过大爱之行项目的一系列培训，在社会工作专业理论方面，我加深了对方案设计的程序逻辑模式的理解，同时加深了对如何制定针对城乡贫困家庭社会工作服务标准问题的理解。在社会工作专业实务技巧方面也得到了较大提升。比如对如何更好地策划和设计针对贫困家庭进行社会工作服务项目有了更直接感性的认识，特别是在如何充分利用、链接社会力量参与贫困家庭社会工作服务和救助工作有了明确清晰的认识。此外，本项目实施过程中，采用的专门研究如何解决、缓解贫困家庭实际问题或困难的“督导+一线社工+社区+相关政府部门负责人”的集中综合评估模式，个人觉得也非常有实效。

——项目督导（南京工业大学）宋巨盛老师

这次大爱之行项目的培训内容非常好，收获很大。通过接受培训不仅为执行大爱之行项目内容具有直接的帮助，另外作为一名高校的社会工作专业教师，更能充分地掌握本专业的相关理论与指导中国社工实践之间的关联。参与大爱之行项目为我增加了宝贵的经验，一系列培训内容使我受益良多。

作为一名项目组成员（项目办副主任），同时作为一名社工督导，我个人的收获是非常大的。例如，我不得不需要在宏观上与我们项目组成员一起组织与规划、在南京市各个领域链接资源。同时作为一名项目的社工督导，我也需要与我所带领的社工团队成员亲密接触，跟踪指导。这个项目跨南京市 11 个区，案主多、问题多、距离远，参与这个项目觉得很辛苦，事务纷繁复杂。但是，这一经历不仅充实了我在高校的社工专业教学经验（我担任社会工作专业硕士学生的高级社工实务课程），也让我更加理解我的专业。社会工作专业实务内容既包括微观服务领域，也包括宏观领域。我们的社会恰恰需要培养这样多元的、综合的、高实战能力社会工作专业人才。

项目能够调动南京市政府、民政（区—街道—社区）、高校、医院、企业、社会团体、志愿者等社会力量全方面参与，取得的项目成效不仅仅限于帮扶对象的改变，这是一次通过社会工作专业指导开展的精准扶贫的有效尝试。这一尝试，更加表明社会工作在应对和解决我们国家和社会的各种问题上真的可以大有作为。作为一名高校社会工作专业教师，通过这样的项目参与实践更坚定了本专业的价值理念，更加愿意把培养社会需要的社工人才作为自己的责任和理想。

——项目办（河海大学）刘畅老师

通过实施大爱之行项目，让我重新认识到专业社工在贫困家庭帮扶中所发挥的重要作用。长期以来对贫困家庭的帮扶通常是资金帮助或者是一次性帮助，带有一定的行政任务性质，而且有一定的时间和金额限制，它能在一定程度上解决贫困家庭的问题，但是从整体来看对贫困家庭帮扶的针对性和可持续性相对不足。而专业社工的帮扶，则更多地体现人性化及专业力量，核心价值体现在两个方面，首要功能是心理疏导，专业社工入户对于贫困家庭生态系统的构建，与帮扶对象间的心理沟通，家庭内部人际关系以及与外部关系的协调，都能起到一定的作用；接下来是资源链接，在确定帮扶家庭的帮扶重点后，资源链接就显得尤为重要，专业社工的阅历及其自身的社会资源会在一定程度上影响其帮扶的成效。

大爱之行项目这种边做项目边培训项目骨干的做法，对于项目负责人及机构主力成员的成长非常有利。通过做项目，本人不仅在如何做项目上积累了丰富的经验，能够做到指导别人如何去做好一个项目，能够评估一个项目做的好坏程度；而且民政部大爱办搭建的平台也增强了我与社会工作实务界的交流，积累了人脉，能够积极地学习其他城市和社工机构的经验，真心感谢大爱项目增强了我本人的实务能力及社工修养。

希望大爱之行项目能够持续进行下去，尤其要对优秀项目和有探索价值的项目能够有进一步的资金支持；对我本人负责的项目，我希望能进一步在社区范围内进行扶贫模式的探索，完善《贫困家庭社会工作服务指南》，让更多的贫困家庭受益。

——项目办（南京市社会科学院）董淑芬老师

三 项目社工的磨炼

社工团队在实施项目的过程中通过入户了解帮扶对象现状，对症下药，链接资源，反馈反思，增加了社会磨炼，更加理解社会的不同群体，增强了专业反思；加上认真参加项目办有针对性的培训及项目团队的内部交流，项目社工对社会工作的理论与实务有了更深的理解，当然也有了不同程度的收获与成长。下面列举几名项目社工在完成个案服务后的反思。

（一）项目社工（河海大学）姜荟文，负责 GC 区个案 ZL

（1）社会底层家庭尤其是低保家庭，其贫困的原因首先是因病致贫。对此，社工需要增加自身的医疗知识，以便为案主提供更多的咨询服务。其次，贫困家庭往往是多方面贫困，例如：家庭成员都普遍贫困，亲属也存在贫困情况。在介入过程中，要全面了解案主的社会网络，从而对其问题进行全面预估，做出全面、准确的介入方案。再次，扶贫需要导入社会工作价值观。社会工作不是单方面的给予或单纯的施惠，社会工作的精髓在于，给案主以希望、信心和决心，充分调动案主的主动性、积极性和创造性，最后达到求助者自助并在自助中得以发展的境界。

（2）专业社会工作方法与技术。社会工作者要全面掌握好社会工作方法，直接地解决大量已经现实地存在的各种具体的社会问题，社会工作机构或项目组织通过开发社会资源，建立社会成员的社会支持系统，为后期的资源链接做铺垫。

（3）搭建社会工作介入平台。社会工作者本身并不拥有雄厚的物质资源，面对贫困家庭，无法给予更多的资金支持，在工作中，常遇到案主说：给钱就行，我们就缺钱。对此，社工需要积极开发自身的社会资源，借助社会力量为案主提供多元化的帮助。例如：社会工作者通过开发社区的公共物品与服务，增进社区的社会资本，构筑以社区为平台的社会团结。或者，联系社会组织，为案主提供专业性的帮扶，也是社会工作介入的重要平台。

(4) 促进贫困者的社会参与。要促进贫困者的社会参与，提高其参与能力，鼓励其通过正常渠道表达自身的利益要求，增强其在脱贫工作中的主动性。贫困者也不只是被动接受援助的客体，他本身也是扶贫的行动主体之一。在扶贫工作中，重视贫困者的参与会取得更好的扶贫效果。

(二) 项目社工（南京师范大学）王倩，负责 GL 区个案 GCY

(1) 关于同理心。为贫困家庭，特别是单亲贫困家庭提供服务需要良好的同理心和耐心，只有用心去与他们沟通，才能真正走入他们的内心。服务过程中，社工尽量站在服务对象以及其家庭的角度看待问题，才能取得良好的效果。

(2) 关于助人自助。服务过程中，作为专业社工，扮演了使能者、教育者和资源联络者的角色，一方面，鼓励、推动服务对象及其家庭做出改变；另一方面，增强其社会交往和就业技能等。最终达到助人自助的目标，改善案主本人及其家庭的生活情况。

(3) 关于伦理困境。社会工作作为一种与人打交道的专业，具有自身独特的专业价值与伦理约束。伦理困境起因于社会工作专业的价值观冲突、道德特质等，并且贯穿社会工作实务过程的始终。社工对案主的伦理责任可以说是处于核心地位的，其他伦理责任都可以归宿于此。而“保密原则”和“案主自决”是处于突出地位的，专业社会工作者必须清楚和掌握。在面对服务对象自诉贫困以及存在隐形收入这样一个事实面前有些犹疑不决。在入户之后，我与该社区救助站站长进行过访谈，访谈后了解到社区对此并不知情。社工的目的是通过调查了解背景，开展适当的帮扶行动，并不是要挖掘隐私，更不是对服务对象进行是与非的评判。低保边缘补贴并不高，但若是非但没有提供实质性服务，反而使其失去原有的支持，那服务对象可能在心理上无法接受。权衡之下，我选择了沉默。

(4) 关于服务开展。首先要取得服务对象的信任与接纳；其次要与社区加强沟通；再次要根据需求评估广泛链接资源；最后要根据问题需要，站在贫困群体层面上进行政策倡导。

(三) 项目社工（河海大学）施茂源，负责LH区个案LXX

(1) 对于低保和医保的相关政策不了解，是社工此次社工服务的软肋。在案主向社工询问医保报销比例的时候，社工并不清楚。并且社工也不知道案主应该如何、向哪些部门、准备哪些材料去申请医保报销，只能建议案主向其他病友询问。

(2) 对于此类大病致贫的案主，不太适用增能赋权的原则。但是可以对家庭其他成员增能赋权，改善家庭整体经济困难。案主的现实情况是，并不能完全通过社工帮扶让其致富，甚至让其完全解决入不敷出的家庭财务状况，但是可以通过社工服务，缓解其现在的经济压力。

(3) 社工的服务热情还不够，很多时候还只是当作完成任务的差事。最明显的一点就是，不能够主动地考虑到案主可能面临的心理困惑。社工缺乏发现案主优势的眼睛，并未对案主进行及时的肯定和赞扬。任何一个人都有自己的优势，可能社工至今都还戴着有色眼镜看待贫困家庭。

(4) 缺乏对相关政策的了解，缺乏对贫困人群帮扶方法的理论基础。虽然社工是一个实践性很强的专业，但是确实不应该缺乏理论基础。对于贫困人群的特点、心理、优势的发掘和资源的树立，社工还需要进一步的学习。

第三节　项目开展的政策引导

首先，项目督导团队在服务实践基础上初步形成了《贫困家庭社会工作服务指南》（简称《指南》）草案。《指南》草案提出了贫困家庭项目化社会工作服务原则、服务类型、服务流程、服务方法、督导、服务管理和人员要求等。该标准适用于为城乡贫困人员及家庭尤其是城市贫困家庭提供项目化的专业社会工作服务。通过《指南》，探索社会救助领域社会工作服务的标准，以利于引导社会工作服务机构和社会工作

者科学规范地介入贫困家庭开展服务（具体内容详见第十二章）

其次，项目办撰写了《南京市级重点困难群体帮扶行动的做法及启示》《南京市级重点困难群体生活现状调查报告》等调研报告，刊发在《资政专报》《民意专报》上，这些报刊能直接报送南京市委、市政府领导，希望引起市委、市政府重视专业社工在精准扶贫中的作用。如图11－8所示。

图11－8 大爱之行项目的研究成果

第四节 项目产生一系列社会反响

从项目启动以来，项目办注重项目的宣传报道，引导政府和社会对贫困群体的关注，为扩大项目影响，还拍摄了《大爱之行》微电影，项目办积极参加项目评估及研究座谈会等，产生了良好的社会反响。

一 宣传报道

《新华日报》《南京日报》《扬子晚报》以及南京电视台等多家新闻

媒体对该项目持续关注，已有9篇以上的跟进报道，社会反响良好。如图11－9所示。南京市民政局为大爱项目办公室挂牌“南京市十大社工督导室”。相关宣传报道的链接如表11－8所示。

表11－8　　相关新闻报道链接

序号	新闻标题	刊发媒体	新闻链接
1	“大爱之行”入户调查救助74户特困家庭	《扬子晚报》	http：//epaper. yzwb. net/html_t/2014－11/01/content_195845. htm？ div =－1
2	“大爱之行”推进会呼吁　让特困户得到足够生存尊严	《新华日报》	http：//xh. xhby. net/mp2/html/2014－11/02/content_1144799. htm
3	民政部·李嘉诚基金会联合在宁开展大爱之行项目——72户特困家庭将获专业社工帮扶	《南京日报》	http：//njrb. njdaily. cn/njrb/html/2014－12/26/content_140529. htm
4	大爱之行项目实施近一年　我市72户特困家庭获爱心人士帮扶	《南京日报》	http：//njrb. njdaily. cn/njrb/html/2015－04/30/content_154289. htm
5	关注救助对象个性化需求，打开政府和社会资源大门——专业社工，让社会救助更有温度	《新华日报》	http：//xh. xhby. net/mp2/html/2015－06/29/content_1272266. htm
6	“大爱之行”通过专业社工链接社会资源——爱心人士助14名贫困生顺利上学	《南京日报》	http：//njrb. njdaily. cn/njrb/html/2015－11/23/content_176011. htm
7	“大爱之行”救助项目引入专业社工帮扶困难家庭	央视网视频	http：//tv. cntv. cn/video/VSET100200238856/d131009b91dd4764909775d16f8a3954
8	“大爱之行”在宁已帮扶72户特困家庭	《南京日报》	http：//njrb. njdaily. cn/njrb/html/2016－02/03/content_183901. htm
9	“大爱之行”南京项目结项——72户困难家庭获“精准帮扶”	《新华日报》	http：//xh. xhby. net/mp2/html/2016－02/03/content_1373164. htm

关注救助对象个性化需求 打开政府和社会资源大门

专业社工，让社会救助更有温度

我市72户特困家庭获爱心人士帮扶

爱心人士助14名贫困生顺利上学

“大爱之行”入户调查救助74户特困家庭

72户特困家庭将获专业社工帮扶

图11－9　大爱之行项目的相关报纸报道

民政部大爱项目办微信有2篇稿件报道了“南京市级重点困难群体帮扶行动”项目，第一篇报道了项目的类型及其服务的主要内容，第二篇转发了社工中国网站的报道《南京“大爱之行”项目：72户家庭将获社工帮扶》，详细介绍了项目来源及项目的运作程序，加强项目的传播，增进项目的影响。网页视频等的宣传报道如图11－10所示。

二　拍摄了《大爱之行》微电影

项目办联合南京市社科联（院），以帮扶对象GC—ZL典型个案为基础，拍摄了《大爱之行》微电影，获得了市委宣传部宣传文化系统首届微电影二等奖。该微电影系统地展示了多元主体参与帮扶贫困家庭的过程，进一步向外界传播项目的社会影响，成为全市社会救助工作中引入专业社工服务的成功案例。

三　参加学术交流会

项目办还先后参加了民政部大爱办合肥中期评估交流会、济南华东

图 11－10　大爱之行项目的网页视频等宣传报道

片区中期成果评估交流会和北京大爱项目结项交流会，向民政部、项目督导及省市民政厅相关领导做成果汇报，介绍项目的主要做法及取得的成效。同时，项目办刘畅老师就项目前期调研成果参加了当年中国社会工作教育华东片区社会工作专业交流会，项目办董淑芬老师就项目的相关成果在南京市“河仁杯”社会工作暨大爱项目交流会上进行了分享交流，项目成效受到省市民政部门有关领导的肯定，也受到专家同人的关注，共同探索精准扶贫的专业化方法与路径。

第十二章

形成《指南》

《贫困家庭社会工作服务指南》（简称《指南》）（草案）是大爱之行项目——“南京市级重点困难群体帮扶行动”项目督导团队在项目服务实践的基础上初步形成的。项目办委托本项目的督导——南京工业大学宋巨盛老师先行草拟了《指南》，然后督导团队进行了多次讨论修改并最终成现稿。《指南》目前尚未经地方质监局申报地方标准，因此还不具备标准化、规范化指导意义，但对于后来的专业化精准扶贫有一定的参考与借鉴价值。《指南》规定了贫困家庭项目化社会工作服务原则、服务类型、服务流程、服务方法、督导、服务管理和人员要求等。该《指南》适用于为城乡贫困人员及家庭尤其是城市贫困家庭提供项目化的专业社会工作服务。通过《指南》，探索社会救助领域社会工作服务的标准，以利于引导社会工作服务机构和社会工作者科学规范地介入贫困家庭开展服务。《指南》（草案）的具体内容附文后。

贫困家庭社会工作服务指南
（草案）

目　次

前　言

本标准按照 GB/T 1. 1—2009 给出的规则起草。本标准由南京市社会科学院提出。本标准由南京市民政局归口并解释。

本标准起草单位：南京市社会科学院、南京工业大学、河海大学、南京师范大学、南京邮电大学、南京财经大学。

本标准主要起草人：董淑芬、许益军、宋巨盛、刘畅、崔效辉、许芸、匡强。

1　范围

本标准规定了贫困家庭项目化社会工作服务原则、服务类型、服务流程、服务方法、督导、服务管理和人员要求等。

本标准适用于为城乡贫困人员及家庭尤其是城市贫困家庭提供项目化的专业社会工作服务。

2　规范性引用文件

下列文件对于本文件的应用是必不可少的。凡是注日期的引用文件，仅注日期的版本适用于本文件。凡是不注日期的引用文件，其最新版本（包括所有的修改单）适用于本文件。

MZ/T　058—2014《儿童社会工作服务指南》

MZ/T　059—2014《社会工作服务项目绩效评估指南》

2014 年 2 月国务院令第 649 号《社会救助暂行办法》

民发〔2015〕88 号《关于加快推进社会救助领域社会工作发展的意见》

民发〔2017〕119 号《关于支持社会工作专业力量参与脱贫攻坚的指导意见》

2014 年 12 月江苏省人民政府令第 99 号《江苏省社会救助办法》

宁委发〔2014〕39 号《关于加强和改进社会救助工作的意见》

《社会工作者职业道德指引》

3　术语和定义

3.1　贫困

本指南中所指的贫困，指的是个体或家庭由于缺乏能力、动力或发展机会，或因社会权利受损以致达不到户籍所在地县级以上人民政府认定的社会最低可接受生活标准的一种生存状态。本服务指南中的贫困涵盖个体或家庭的经济或物质贫困、文化与能力贫困以及权利和机会贫困。

3.2　贫困家庭

本服务指南中所指的贫困家庭主要指经县级以上地方人民政府认定的，共同生活的家庭成员人均收入低于当地最低生活保障标准，且符合当地最低生活保障家庭财产状况规定的家庭；或虽未经正式认定，但经过调查核实，其实际生活水平长期明显低于当地社会最低的可接受生活标准的家庭。

3.3　贫困家庭需要

指维持贫困家庭成员健康和发展所需要的条件、机会和资源的总和。本指南中所指的贫困家庭需要主要指贫困家庭的经济或物质需要、文化与能力需要以及权利或机会需要。

3.4　贫困家庭社会工作服务

针对贫困家庭及其成员，通过项目申请与立项或其他方式，委托专业社会服务机构和人员，在一定的服务期限内，运用专业社会工作方法，缓解贫困家庭经济或物质困难、促进贫困家庭及其成员文化与能力提升、保障贫困家庭及其成员的社会权利、扩展其发展机会的专业社会工作服务。

4　服务原则

4.1　整体性原则

社会工作者在开展针对贫困家庭的社会工作服务过程中，应始终注意从整体角度审视特定贫困家庭成员内、外部互动关系及其面临的主要问题。

4.2　持续性原则

社会工作者在策划、组织、实施针对贫困家庭的社会工作服务过程中，应始终注意保持项目服务的可持续性以及服务对象成长和改变的可持续性。

4.3　优势视角原则

社会工作者在开展针对贫困家庭的社会工作服务过程中，应始终注意从优势视角出发，去挖掘贫困家庭及其成员中可能潜藏的文化、能力等方面的发展潜能及可利用的社会资本，最大限度地促进贫困家庭改变和发展。

4.4　隐私保护原则

社会工作者在开展针对贫困家庭的社会工作服务过程中，应注意始终充分尊重贫困家庭及其成员隐私和人格。

4.5　平等参与原则

社会工作者在开展针对贫困家庭的社会工作服务过程中，应创造公平的环境，确保贫困家庭及其成员不因贫困、失业、疾病、残疾、教育程度、财产状况等受到任何歧视，保障贫困家庭及其成员享有平等的社会参与的权利。

社会工作者应鼓励和支持贫困家庭及其成员参与同自身利益相关的服务活动，尊重其在权利和能力范围之内的自我决定和行动。

4.6　社会协同原则

社会工作者在开展针对贫困家庭的社会工作服务过程中，应始终重视基于社会协同理念，从家庭生态系统视角出发，着力促进贫困家庭及其成员与其他个体、志愿者、家庭、社会服务机构、慈善组织、社区及政府有关部门的良性互动，多方协调和争取资源，积极推动多元社会力量参与贫困家庭的社会工作服务。

5　服务类型

5.1　保障性服务

对经县级以上地方人民政府认定的，共同生活的家庭成员人均收入低于当地最低生活保障标准，且符合当地最低生活保障家庭财产状况规定的家庭，或虽未经正式认定，但其实际生活水平长期明显低于当地社会最低的可接受生活标准的家庭，社会工作者应主动协同社区、街道以及民政部门积极为其申请当地最低生活保障救助、医疗救助、教育救助及其他有关救助，以保障该类家庭成员享有最基本的经济、物质、医疗、教育等社会保障权利。

5.2　支持性服务

社会工作者应在遵循专业价值观、专业伦理的基础上，运用专业方法加强对贫困家庭成员心理、情感和社会融入等方面的支持，以缓解由于贫困可能引发的心理、情感或社会融入方面的压力或问题。

5.3　发展性服务

社会工作者应在综合评估贫困家庭及其成员潜能的基础上，与服务对象平等协商，积极组织、协调开展针对贫困家庭及其成员的增能服务，包括针对他们的文化教育与能力促进方面的服务，例如为有需要的贫困家庭组织开展职业技能培训、认证和推荐就业。

5.4　辅助性服务

社会工作者在开展针对贫困家庭的社会工作服务过程中，应始终重视根据实际需要，组织开展针对贫困家庭的缓解困难、促进发展的辅助性服务，例如为贫困家庭未成年子女提供有效的安全教育、心理及文化、学业辅导等，以保持贫困家庭将来的发展希望。

5.5　政策性服务

社会工作者在开展针对贫困家庭的社会工作服务过程中，针对宏观社会政策实施过程中可能普遍存在的若干不合理、不公平问题，应通过专业的调研和深入的分析，积极向民政、人社、卫健委、教育局等部门如实反映核心问题，积极推动社会政策修订与完善，促进社会公平。

6　服务流程

6.1　需求调研与项目策划

民政、妇联等有关部门及街道、社区应委托、协助专业社会工作服务机构，对特定区域范围内的贫困家庭数量、人员性别、年龄及劳动力构成、受教育程度、就业意愿、社区分布以及普遍存在的主要问题及服务需求做认真、细致的调研和梳理，并在此基础上，设立、规划年度贫困家庭社会工作服务项目及预算，待批准后及时通过网站、媒体发布贫困家庭社会工作服务项目招标公告。

6.2　项目招标、评审与立项

民政、妇联等有关部门应积极引导专业社会服务机构根据项目需求，协助他们通过进一步调研，组织策划针对贫困家庭及其成员的专业社会工作服务项目。政府有关部门和机构可针对贫困家庭社会服务需求，通过政府购买社会服务方式，委托、监督专业的第三方社会服务机构组织公开、透明的社会工作服务项目招投标、评审及立项工作。

6.3　项目团队组建

社会工作服务机构获得项目立项后，应及时组建项目实施的核心管理团队、督导团队与专业服务人员团队。核心管理团队应由机构负责人及项目负责人等专业人员构成；督导团队应由社会工作专业高校教师、民政、妇联等系统的相关负责人及机构中级及以上专业服务人员构成，以确保项目服务的质量和顺利开展；专业服务团队应由2名及以上持证专职社工、若干社会工作或相关专业高校大学生志愿者、社会爱心志愿者等构成，确保针对特定贫困家庭能建立起一定时期内相对稳定的专业服务队伍。

6.4　项目培训与督导

项目团队组建完成后，项目组应及时邀请有关专家或一线经验丰富的实务人员，定期组织开展针对管理团队、督导团队与专业服务人员团队的培训工作，培训应涵盖项目背景、依据、项目服务的理念及目标、服务内容和方式、入户服务技巧、隐私保护、行政协调等方面内容，确保整个项目团队清晰认识服务目标、内容和方法。

在整个项目实施过程中，项目负责人应定期召开由项目管理团队、督导团队和专业服务人员团队共同参加的项目督导会议，及时就项目实施过程中可能出现的新情况、新问题，邀请项目专业督导人员开展教育性、行政性或支持性督导。

6.5　项目实施与协调

社会工作者（项目负责人）应积极组织、运用人力、物力及财力资源，有效、及时落实针对贫困家庭及其成员的社会工作服务项目，积极推动项目管理、督导团队与专业服务人员团队加强与民政、妇联、街道、社区联系加强行政和服务协调，安排专业服务人员进入社区，定向入户进行专业社会工作服务，确保专业社会工作服务项目的顺利开展。

6.6　项目监测与评估

社会工作者在项目实施全程，应配合项目资助方，主动加强对项目实施的监测与评估，按计划开展项目的中期评估与结项评估，及时解决项目实施过程中出现的新情况、新问题。

6.7　项目结项与跟进

社会工作者应在项目规定的期限内组织项目实施结束后的结项工作，及时总结项目实施过程和服务成效，并研究拟订后续的跟进服务计划。

7　服务方法

7.1　直接服务方法

7.1.1　个案工作方法

社会工作者以面对面或其他方式，在一定价值观指引下，遵循项目服务流程，运用专业方法为贫困家庭及其人员提供支持性、发展性、辅助性等类型的专业服务与咨询。

社会工作者在接案、预估、计划、介入、评估、结案阶段应分别完成以下工作或任务：

7.1.1.1　接案应完成的主要工作

——与贫困家庭及其成员初步建立专业关系；

——介绍服务宗旨、服务政策、服务主要内容和项目；

——初步收集贫困家庭及其成员的基本信息，主要包括贫困家庭人员数量、性别、年龄及劳动力构成、健康状况、受教育程度、优势与专长、就业意愿等；

——初步探索贫困家庭可能蕴含的潜能以及当前面临的主要困难、问题及服务需要等；

——填写《接案登记表》（基本信息登记表）。

7.1.1.2　预估应完成的主要工作

——发现和识别贫困家庭及其成员的致贫原因；

——识别贫困家庭及其成员在其所处环境中的积极因素和消极因素；

——初步决定为贫困家庭及其成员提供服务的方式和内容；

——填写《贫困家庭及其成员评估表》；

——存在高风险的特困家庭应填写《高风险贫困家庭评估表》。

社会工作者在预估过程中应注意：

——坚持动态和持续性原则；

——对贫困家庭及其成员面临的问题和需要按照轻重缓急排序，找出当前急需解决和能够解决的迫切问题；

——鼓励贫困家庭及其成员表达自己的真实意见，充分尊重他们的意愿和态度。

7.1.1.3 计划应包括以下主要内容

——贫困家庭的问题和需要及其发展历史；

——贫困家庭及其成员自身优势及所处环境中的资源；

——服务计划的短期、中期和长期目标；

——介入措施、行动步骤及进度安排；

——社会工作者、服务对象各自的任务；

——评估参与者和评估方式方法；

——撰写《贫困家庭及其成员服务计划表》。

7.1.1.4 介入应完成的主要任务

——促使贫困家庭及其成员学会合理充分运用现有资源；

——对贫困家庭存在心理、情绪或行为问题的人员提供支持性服务；

——运用各种方法和资源促使贫困家庭及其成员自身改变动力；

——激发贫困家庭及其成员的潜能与优势；

——协调和链接各种贫困救助资源和系统；

——优化贫困家庭及其成员的生存和发展环境；

——填写《贫困家庭及其成员可利用资源及资源对接表》。

7.1.1.5 评估应完成的主要工作

——根据服务内容和服务方式选择适宜的评估方法。包括基线测量法、任务完成情况测量法、目标实现程度测量法和介入影响测量法等；

——收集和分析相关资料；

——撰写评估结果和报告；

社会工作者在评估中应注意服务过程中行之有效的专业方法和技巧。

7.1.1.6 结案应完成的主要工作

——巩固贫困家庭及其成员已有的正向改变和发展；

——巩固贫困家庭及其成员在服务过程中扩展的社会联系；

——增强贫困家庭及其成员的自我发展能力和生活信心；

——妥善解除专业工作关系；

——填写《贫困家庭及其成员服务结案表》。

社会工作者在结案时应注意提前告知服务对象结案的时间，提前让服务对象做好心理准备，并告知在有需要时将会继续提供帮助。

7.1.2　小组工作方法

社会工作者以小组工作的方式为贫困家庭及其成员提供支持性、发展性、辅助性等类型的小组服务。

7.1.3　个案管理

运用个案管理的方法评估特定贫困家庭及其成员的问题和需求、关注贫困家庭内、外部互动关系和状态、链接其所需要的社会资源和服务。

7.2　间接服务方法

7.2.1　社会工作者通过整合现有的家庭、社区、学校和其他部门的资源，为贫困家庭及其未成年子女提供服务。

7.2.2　社会工作者通过动员、拓展的方式，为贫困家庭及其成员发展争取正式或非正式资源。

7.2.3　社会工作者收集和系统分析与反贫困相关的信息，了解立法和制度的决策过程，反映贫困家庭及其成员的合理诉求，进行政策倡导。

8　督导

8.1　督导对象

督导对象包括：

——新进入社会服务机构的负责贫困家庭及其成员社会工作服务的社会工作者；

——服务年限较短、经验不足的社会工作者；

——在社会服务机构从事贫困救助等相关社会工作专业实习的学生；

——在社会服务机构参与贫困家庭项目化社会工作服务的社会志愿者。

8.2　督导内容

社会工作督导包括为社会工作者提供的行政、教育和支持性督导，应开展下列主要工作。

8.2.1　行政性督导

社会工作专业督导应为从事贫困家庭社会工作服务的专业社会工作者提供如下督导服务：

——协调社会工作者与机构和民政、妇联、街道及社区有关部门之间的关系；协助机构设计、规划、监督所负责服务领域的工作程序，根据实际需要与合作机构和相关部门进行沟通协调，为社会工作者进入社区、家庭开展专业服务提供便利，积极协调和推进项目开展；

——规范各一线社会工作服务团队内的工作程序及分工，协助社会工作者与各区、社区联络员进行工作协调；

——对社会工作者的服务记录、总结进行审阅、批复，完成督导记录；

——对社会工作者的服务出勤及工作成效进行及时评估；

——定期与所督导的社会工作者展开面谈，对项目开展情况进行阶段性总结，参与服务质量评估；

——对工作程序、服务质量以及职业操守进行监督、总结，提出建议并及时反馈。

8.2.2　教育性督导

——参与贫困家庭及其成员的问题和需求评估，指导社会工作者制订合理可行的贫困家庭入户访谈、小组工作计划以及介入服务方案，优化服务内容和结构，增强服务效果；

——及时审阅社会工作者的工作报告并给予指导，帮助并指导社会工作者在贫困家庭社会工作服务过程中出现新问题、新情况，及时进行总结分析，提供建设性的指导意见；

——帮助并指导社会工作者发掘、链接相关社会资源；

——监督、考核社会工作者的工作表现、职业操守及服务效率，并提供必要的业务指导；

——定期召开督导会议，开展项目交流，提出对策建议。

8.2.3　支持性督导

——给予从事贫困家庭及其成员社会工作服务的一线社会工作者和志愿者以心理、情绪、情感上的支持，帮助其舒缓专业服务过程中可能产生的各种压力和不良情绪；

——及时总结贫困家庭及其成员社会工作服务过程中社会工作者积累的经验和服务技巧并加以宣传、表彰和推广。

9　服务管理

9.1　服务质量管理

9.1.1　社会工作者应以贫困家庭及其成员的需要和突出问题为中心，从优势视角出发，积极与贫困家庭及其共同生活的家庭成员共同制订服务目标与计划：

——应系统了解贫困家庭及其成员的实际需要，分清需要的轻重缓急，并向服务对象进行工作说明；

——应与贫困家庭及其成员统一服务期望，共同制定服务的具体目标和实施步骤；

——应建立规范简要的服务过程记录；

——应根据阶段性工作进展及实际效果，结合服务过程中可能出现的新情况、新问题及时对原有服务计划或方案进行及时必要调整。

9.1.2　应制定由一线社会工作者参与的服务质量规范，并确保其公开透明、具体可行：

——应确定服务质量目标，在服务人数人次、服务投入、服务内容、服务程序、服务方法和服务效果等方面制定具体质量目标；

——应将标准化服务质量控制与个性化服务质量目标相结合，对特定贫困家庭及其成员的服务过程、服务内容及效果进行个别化的规范记录并妥善予以保存。

9.1.3　应建立基于专业督导团队、一线专业服务人员团队、社工及贫困家庭及其成员广泛参与的服务质量保障与评估机制，定期对服务质量、服务成效进行评估，包括：

——贫困家庭及其成员对专业社会工作服务质量进行评价；

——主管部门或第三方开展定性或定量评估（包括数据对比、资料归纳、问卷调查和访谈等形式）；

——督导团队针对贫困家庭及其成员的社会工作项目服务评估；

——对项目工作成效进行定期自评与阶段性考核；

——定期进行专业督导。

9.1.4　应对服务质量评估和督导反馈意见及时进行反馈，以持续改进针对贫困家庭及其成员的社会工作服务质量：

——应定期听取专业督导、有关机构或部门行政人员、一线社工以及街道或社区相关工作人员针对改进和优化贫困家庭及其成员社会工作服务质量的建议；

——应对收到的反馈及时予以回应；

——应根据服务质量评估和督导反馈意见及时修正工作计划和措施，完善机构服务管理制度，改进服务质量。

9.2 社会工作行政

9.2.1 制度建设

9.2.1.1 社会工作服务机构根据贫困家庭及其成员项目化社会工作服务的需要，制定相应的社会工作服务规章制度并根据需要进行修订。

9.2.1.2 社会工作服务机构研究与制订贫困家庭及其成员社会工作服务计划、方案时应由社会工作者和专业督导共同参加。

9.2.2 岗位设置

社会工作服务机构应设置从事贫困家庭及其成员救助、服务工作的专职或兼职岗位，岗位设置应符合 GB/T 28224 - 2011 和 MZ010 - 2013 的具体规定。

9.2.3 档案管理

应加强针对贫困家庭及其成员社会工作专业服务的档案管理，主要工作包括：

——建立基本服务档案，包括贫困家庭及其成员的基本信息、服务提供者、服务场所、服务过程及服务成效等记录档案；

——建立服务质量监控记录档案，包括项目计划、实施、考核、总结等过程管理与督导记录等；

——根据贫困家庭及其成员实际情况进行分类、分级管理档案，做好贫困家庭及其成员有关隐私信息的保密工作。

10 人员要求

10.1 资格要求

10.1.1 贫困家庭及其成员社会工作者

从事贫困家庭及其成员救助相关社会工作者应获得社会工作者职业资格证书，并按照《社会工作者继续教育办法》登记或具备社会工作专业专科及以上学历。

10.1.2　贫困家庭及其成员社会工作督导

——贫困家庭及其成员社会工作督导应是在社会救助或者妇女儿童社会工作服务领域从事社会工作服务满五年以上（含五年）并取得社会工作师资格、对社会工作价值伦理有认同度、拥有良好的社会工作专业知识、具有丰富的社会救助等社会工作实务经验和督导技巧的社会工作者；或从事有关救助服务类社会工作实务课程教学满三年以上（含三年），对社会工作价值伦理有认同度、拥有良好的社会工作专业知识、具有丰富的社会救助等社会工作实务经验和督导技巧高校社会工作专业教师。

10.2　伦理要求

10.2.1　应自觉遵循社会工作专业伦理。

10.2.2　应明确社会工作服务意识，遵守《社会工作者职业道德指引》，树立以贫困家庭及其成员为中心的服务理念。

10.2.3　应尊重贫困家庭及其成员的生活方式，并保护其家庭或个人隐私。

10.3　继续教育要求

社会工作者应按照《社会工作者继续教育办法》，接受继续教育，不断提高职业素质和专业服务能力。

第十三章

总结与反思

在为期一年半多（2014 年 7 月—2016 年 2 月）的项目帮扶行动中，72 户贫困家庭的生活状态有了较好的改变，这得益于案主自身和多元群体的共同努力。项目虽然是短期的，但政府和社会对贫困群体的关注却是长期的。在这次行动中，前文已有很多的经验跟大家分享，但也有一些对项目行动的反思。

第一节　项目的整体总结与反思

一　帮扶对象方面

本项目的主要服务对象是贫困家庭，是将通过民政系统筛选出来的低保、低保边缘群体中亟须解决生活困难的 72 户贫困家庭作为帮扶对象。这 72 户贫困家庭散布在南京市 11 个区的 39 个街道、11 个镇的 72 个社区中。社工入户了解情况，为每个案主量身制订了方案，进行资源链接和后期的评估，整个过程是比较规范的。社工的专业介入让 72 户帮扶对象的生活改善有了希望，帮扶效果是非常明显的。但帮扶行动也存在着以下诸多限制性因素。

首先，帮扶对象居住过于分散，案主所在的六合、溧水、高淳、浦口等地区又较偏远，交通不是很便利，而即使在同一个区，案主所在的街道社区又都不一致，更为分散，很难统一聚集。居住过于分散导致本项目中社工介入方式以个案社会工作服务为主。如果改变以市为单位而以街道为单位，在分类帮扶方面可以开展小组社会工作，成效可能会更加明显。

其次，部分困难户积贫积弱的状态很难在短时期内得到本质的改善。72 户家庭贫困程度不一，但家庭中有病、残人员的占半数以上，服务对象有许多是因病致贫，一些案主家庭成员患有重大疾病，项目不论是在资金支持还是社工帮扶或是资源链接方面的能力都极为有限。

最后，远郊区帮扶对象可链接的社会组织资源比较有限。比如六合区、溧水区、高淳区、浦口区等地区均在城郊，当地缺少社工服务的驻扎场所，缺少较为成熟的社会组织，可利用的社会资源少，案主所在的住址偏远，因此社工入户和项目资源链接方面都存在一定的限制。针对这一问题，社工尽可能地针对帮扶对象存在的核心需求开展行动，与当地人社部门协商，优先解决这部分重点贫困群体的就业及技能提升问题。

二 团队建设方面

首先是专业社工以在校学生为主的局限。项目的社工团队由 28 名专业社工组成，他们分别来自河海大学、南京师范大学、南京农业大学三所高校社会工作专业在读硕士。这既给项目带来了较强的专业阵容，但也存在着时间差风险。在项目的前期阶段，社工入户比较顺利。但由于中国社工专业硕士是两学年制，而他们其中一半以上是在研二开始的时候进入项目（2014 年 8 月），这也就意味着这批学生将在 2015 年 6 月毕业。而项目的运作周期是到 2015 年 12 月底。这就要求项目的社工入户阶段需要在 2015 年 6 月之前完成。

在社工入户阶段的后期，很多专业社工面临毕业，后续入户服务不易开展。这也是项目初期预料的难题。项目办主要从四方面着手解决该问题：一是通过案主结案评估后的社工，可以在督导的指导下，完成结案报告，由案主填答服务过程满意度调查，并签署入户服务终止协议。二是对于尚不能结案的同学，需要与未毕业社工学生转介案主服务，由未毕业的社工继续对重点服务对象进行后续诸如资源链接、入户等服务。三是项目办与毕业社工继续保持联系，直至项目结束。四是积极联系在学社工，安排在学社工参与会议安排、资源对接等工作。

社工成长也是大爱项目的一项重要成果。在毕业的这一届社工同学中虽然将来未必都会从事这个行业，但是大爱项目为学校的社工提供了一个真正的实践平台，通过参加这个项目，社工会产生一种专业情结，也会有一段难忘的人生经历。在毕业的这一届社工同学中，有一些已经签约社工服务方面的工作，在毕业后他们还会继续这条社工之路，发挥社工的专业力量。

其次，个别兼职督导介入深度不够。项目 12 名督导是由 6 所高校社工专业骨干教师和南京市社会科学院社会发展研究所研究人员组成。个别兼职督导由于自身科研任务和学校事务过于繁忙，对项目的介入深度不够。但这只是个别情况，绝大部分的项目督导老师不论是在指导社工开展服务还是在资源链接方面都是尽职尽责的。对于这一特殊情况，项目办为这些社工配备了一名副督导，即社工会定时向原督导老师递交服务报告，并同时给副督导递交报告，由副督导负责对社工的入户服务进行指导。

三　资源链接方面

积极探索社会资源，社会中有很多可利用资源由于信息对接渠道狭窄而不能发挥作用，本项目强调多元合作多方资源对接，作为一个项目平台，将帮扶资源和对帮扶对象需求进行有效对接。但资源链接是一个比较复杂的过程，资源与需求可能会出现错位，某些举措无法落地，甚至是面临某条帮扶路径走不通的困境。

针对这些问题，一方面项目团队拓宽资源链接，争取支持、整合资源，以弥补资源和信息的不对称性。前期主要联系了与贫困帮扶相关的政府职能部门和群团组织，包括人社、妇联、残联、市总工会职工援助服务中心、市慈善总会等。另一方面在服务过程中，培养和联系志愿者队伍，链接社会组织资源，可以达到项目结束了而服务仍能继续的效果，从而保持和延续帮扶行动。包括南京市癌友康复协会、高淳老街杂坛助学圆梦之家、企业爱心人士、义诊中医等。

政府职能部门和群团组织的资源能发挥一定的作用但落地较为费时。因为这些资源属于体制内资源，在实施过程中有一定的流程，时间周期较长。但是能引起相关部门的关注，本身也是一种成效。例如市妇联表示，虽然这个项目只有一年多的时间，但我们部门还是会继续关注这些贫困家庭，在他们有需要的时候，积极关心和帮助他们解决困难。

社会组织资源时效性强，但区域分布不均衡。本项目链接的社会组织都比较认真热心，对项目帮扶对象的人文关怀意识强烈，与大爱项目的服务宗旨较为贴近，也愿意在项目结束后继续帮扶行动，总体来说，社会组织资源链接的成效较为明显。但不足之处是市区的社会组织数量远远多于郊区，在六合等偏远地区，需要帮扶的家庭是最多的，但社会组织数量却是最少的。

社会爱心人士热情度高，帮扶时间较长，但资源链接渠道较窄。社会爱心人士一般在事业上有所成就，希望为社会公益献力。但是这类人群分布较分散，联系沟通的渠道也比较窄。这类资源的链接成功率受机构及项目的社会影响力、项目负责人社会资源、双方的可信赖度等多方面因素影响，因此获取这方面资源的难度较大。但是他们资助的持续度一般较高，像一位助学爱心企业家所说："这些学生目前基本上处于初高中、大学阶段，这个阶段正是人生转折的关键点，正是学习知识的好时候。我们的资助是一点微薄的心意，也正是有大爱项目这个平台，我们才得以聚在一起。今后我们会继续关注他们（被资助学生）的成长和发展。在他们需要我们帮助的时候，我们还会继续伸出我们的援手。"

志愿者不仅需要有一颗热爱公益的心，还需要有一定的专业训练。在帮助贫困群体时，针对贫困群体的助医、助残、助学、助技助业、助心理等，项目所需要的志愿者是具有一定专业度且有公益精神的个人或群体。另外，还有一点需要反思的是培养志愿者，在社工介入的过程中不仅要关注案主及其家庭本身、社区工作人员的联系，还要关注案主的周边邻里，发挥他们"远亲不如近邻"的重要作用，而邻里更接近帮扶对象的日常生活，要注意加强与帮扶对象邻里的联系沟通，他们是项目重要的"潜在"志愿者。

第二节 服务主体的总结与反思

参与项目的服务主体，从上级领导、项目督导到项目社工，在项目进展的不同阶段，都进行过一系列的总结、反思与建议。以下跟大家进行分类型分享。

一　项目实施过程中各级领导的要求与期待

该项目作为江苏省唯一重点示范项目申报成功，是我院社工研究生基地科研与实务工作综合实力的展现，体现了我院科研工作争先创优的价值追求。项目以贫困家庭为服务对象，一定要在务实上多下功夫，充分发挥社会工作在贫困人群帮扶上的专业优势。项目要在府院校合作机制上积极创新，协同攻关，努力使该项目真正成为示范性项目，为全国社工服务的科学化、标准化建设作出贡献。

——时任南京市社会科学院院长叶南客研究员在2014年8月14日项目启动会议上的发言摘编

感谢项目组成员的倾情付出，第一阶段做得很好，后面还有一年多的时间，希望项目组全体成员能够再接再厉，保持热情和劲头，争取把下一阶段工作更好地贯彻落实；同时希望大家注意安全问题，帮助别人的同时也要保护自己，在实施帮扶的过程中尤其要注重方法，掌握相关政策，不扰民。民政局会全力、全心、全部配合，给予必要支持。

——时任南京市民政局副局长王军在2014年10月31日项目推进会议上的发言摘编

六月是个毕业的季节，是告别的时间，我从接触这个项目就一直被感动萦绕着。我是以多重身份来参加这个会议的：一是代表救灾处，二是社工人才，三是大爱见证者、督导身份。邓处长说得很好，大爱是在中期，我就回顾一下过去，展望一下未来。项目取得成效要非常感谢在座的社工同学、督导老师、社科院老师、领导，等等。南京市社会科学院是个高大上的群体，叶院长说要发挥“联”的作用，市里和省里的领导非常支持这个项目，希望未来的路上继续支持下去，积极争取方方面面资源的支持。下面我再讲三点感受：一是我看到了效能帮扶，社工的引入让72户帮扶家庭觉得自己有了依靠，效果是非常明显的。二是从社工角度，大爱社工能把理论运用到实际中，我认为参与大爱项目的社工都是非常优秀的。三是活力的体现。微电影的拍摄让社工显现得非常鲜活，我觉得微电影就是咱们这个项目活力的体现。社工的春天正在到来，相信每个社工都会有光明的明天。

——时任南京市民政局救灾处处长王芳在 2015 年 6 月 18 日项目中期评估及转段会议上的发言

大爱项目开展近一年了，能把前期目标完成并转入下一个阶段，首先要感谢所有参与的成员及各区的协助，另外还要感谢各区领导代表及专家，如果没有你们的努力和指导，项目不会顺利进行，最后还要感谢所有参与的学生，你们做着最重要的工作，不是你们的参与，项目也只是张白纸。大爱项目最重要的是建立社工工作的标准和模式，如何让更多有困难的人群得到帮助，给予他们有尊严的生活，这应该是大爱项目最大的意义。还有，这么多四面八方的人聚集在这个团队里，体现了一种精神，姑且称为“大爱之行精神”：爱心、行动、尽心、专业。大爱还有个意义是促进未来社工人才发展，社工是学以致用的专业，让我们的教育更接地气。大爱下一步的计划是很关键的，要克服困难，吸取经验教训。也希望我们同学今后可以从事社工专业，如果不从事社工也希望继续把社工理念坚持下去，在心中开出美丽的花朵。

——南京市社会科学院科研处处长邓攀在 2015 年 6 月 18 日项目中期评估及转段会议上的发言

非常感谢这个项目，这个项目从去年的七月启动，有一年多的时间，感受很深。总体来讲，项目很顺利，很有成效，很有收获。我们要出一个经得起检查的结项报告，并形成标准化的文本。标准化文本是没有人做过的，这个很有挑战。最后还可以考虑以项目为基础，以社工帮扶贫困家庭为主题，开个小型的专家专题研讨会。

——项目负责人许益军研究员在 2015 年 9 月 25 日项目最后阶段工作安排会议上的发言摘编

大爱项目的社工都比较有热情、有耐心，被帮扶的家庭也都很感谢他们，虽然这个项目只有一年多的时间，但我们社区还是会继续关注这些贫困家庭，多去走走看看，在他们有需要的时候，积极关心和帮助他们解决困难。

——某区联络员在2015年6月18日项目中期评估及转段会议上的发言摘编

二 带社工初次入户后督导的反思留言

通过六户特困家庭的入户探访，我的感觉是，在光鲜的城市里，还有那么多如此生活贫困的家庭，他们还在为生活的一日三餐所担忧。有的家庭为了保证病人营养，会买一条鱼，煮一锅汤，分两天吃；有的家庭会到菜场去捡烂叶吃；有的到公共厕所去接水喝……如此等等，让人心酸。

这些家庭绝大多数都是因病致贫的家庭。有的家庭该享受到的刚性政策都已落实，但还是不能解决问题，怎么办？我认为就需要努力链接其他的物质资源，如果光是一个月1—2次的精神慰藉，我觉得可能不能达到我们此次大爱之行的目标，有的人甚至觉得我们在打扰他们。如何链接资源？利用社工自身的力量还是反映出来让南京市民政局来解决？

在调查过程中，我们发现低保政策也有很多漏洞。比如有的案主因为购买了社会保险，可以享受退休金了，但是却无法领取到低保了（退休金会纳入家庭人均可支配收入，导致年人均可支配收入超过了低保线），这意味着好多低保相配套的政策就会消失，看病花费比以前更多。这样如何办？期待下次督导会大家能够把案例拿出来讨论和分享。

——栖霞区督导许芸

五家救助对象入户过程中，发现三个特点：一是五户家庭全部是因病致贫家庭。其中一户尿毒症，两户白血病，一户胃癌，一户案主的丈夫是癌症，已去世。二是五户贫困家庭全部是因为作为家庭顶梁柱的男人罹患重大疾病而致贫。三是五户家庭对未来都表现出了较为乐观的态度，均是因为把希望寄托在了子女身上。

针对上述特点，提出如下建议：

一是社工要围绕疾病的救助进行干预。这些疾病都是短期内难以改善的重大疾病，很多事情也不是社工能解决的。我们需要针对五户案主各自所患疾病的情况和身体状况，制订有针对性的帮扶计划和方案，做些能做的事情，比如了解医疗救助政策，特别是和溧水五户家庭紧密相关的新农合大病救治政策，针对尿毒症、白血病和胃癌等不同疾病特点，收集上述疾病相关的注意情况，以尽力改善案主身体状况。

二是要高度关注贫困家庭子女的工作和学习情况。利用研究生开阔的视野和网络检索能力，力所能及地为贫困家庭子女就业收集一些有效的就业信息，为他们提供更多的就业选择。为低年级学生提供必要的学习辅导，让贫困家庭感受到温暖，更坚定脱贫的信心。

三是要加强与民政、卫健、人社等部门以及乡镇、村委会的联系和沟通，能有效整合各方面资源和力量，为贫困家庭的大病救助、子女教育以及就业提供有效的帮助。

溧水区民政局积极配合，后续调查也会积极支持。两位社工工作态度认真，也有较好的专业素养。从入户开始，到与案主交流，填写问卷，到后期完成报告，都在规定时间内及时有效完成，实现了预期要求。我们相信，后期在各方努力下，通过有针对性的干预和救助，会对贫困家庭产生积极的影响。

——溧水区督导任克强

接触下来发现，案主的心理状态都很乐观、开朗，我们社工要做的就是整合资源，建立市一级的弱势群体帮扶政策，等等，改善他们的就业、就医、就学环境。另外，社工对于案主来说，仅依靠浅层面的入户访谈，只是观察到案主表面上的一些信息，比如他的住宅、身体状况、家庭基本情况，等等。作为社工应该帮助他们描绘生态系统图，这需要多次的入户以及与案主的周围邻居、亲朋好友和社区进行对接和接触，进而深入了解案主的生活史、情感状态，等等。

——鼓楼区督导匡强

六合区帮扶对象有以下几个主要特点：一是居住地点分散。六合区的困难户居住地点非常分散，除了有一户在雄州街道，还有一户目前居住在尧化门之外，其他五户均居住在自然村中，点与点空间距离非常远。二是交通不便。五户自然村中的调查户均没有直达的公交车，只有从六合区到行政村的公交车，公交车班次少，间隔长。从行政村到自然村找不到马自达或出租车等代步工具。三是后期入户较为困难。第一次入户由区、街道、村的民政工作人员带着入户，总的来说还比较顺利。如果后期入户没有人带领，其一是社工能否找到帮扶户所在自然村，其二是帮扶对象是否愿意接受后期的入户，尚存在不确定因素。四是社工的人身安全问题。困难户所在区域地广人稀，乡村公路路况与交通方式等存在安全隐患。

从目前七户第一次入户情况来看，致贫的原因一是大病，二是自身残障，后期的社工干预需要专业的知识与技巧。建议后期的工作打破行政区分组，以大的片区为单位，分为江北区、江南区两大片，分别由专业社工老师作为总督导，大组下以致贫原因为分组标准，分为因病致贫组、自身残障组、技能缺失组等，根据不同的致贫原因有针对性地进行干预。

——六合区督导朱考金

雨花台区四个案主，情况虽然各有差异，但是一个基本的共同点是，身体状况是导致家庭贫困的一个非常重要的因素。四位案主中，有常年精神疾患的，有自小患有小儿麻痹症的，有听力和视力问题日趋严重的，有多重慢性病和大病缠身的。身体不好不仅导致案主自身难以通过劳动获得经济收入，还需要家庭承担较大数额的长期经济支出，且影响家人的工作。然而，某些疾病是短期难以改善的，因此对于此四户案主的帮扶计划和方案，基本点是尽力改善身体状况，着力点是改善家庭成员获得经济收入的能力和可能性，例如办理医疗保险、低保等保障措施、为家庭成员提供工作机会、为其子女教育提供更多便捷条件，等等。

两位社工在第一次入户中的表现较好，显示了较专业的社工素养。从入户开始，到与案主交流，填写问卷，到后期完成报告，基本上实现了第一次入户的要求。在入户过程中，督导也和社工进行了多次沟通，了解案主情况，讨论下一步的行动方案，这在社工第一次入户报告中已有体现。

建议有如下几点：第一，应做好与街道、社区工作人员的沟通。本次大爱之行，对于街道和社区而言，是一个工作之外的额外任务，而且街道和社区相关部门人数都很少，多次入户会占用其时间和精力。保持一个良好的沟通和合作状况，有利于后续工作的开展。第二，以致贫原因分组。疾病可能是困难家庭最大共同点，每个区都有。还是按照区来分组，不利于后续工作。第三，发挥专业社工老师的作用。

——雨花台区督导李义波

我组负责的四户案主均属大病致贫。初次入户的时候有一户案主因务工不在南京，案主联系社区负责人表示一个月后返回南京，接受我们的社工入户。根据目前三户的探访信息，这三户案主的亲属尚有不同程度的劳动能力，也都具有通过劳动改善家庭经济状况的愿望。其中两户的初次入户工作进展顺利，社工已经为今后的持续介入做好了准备。另有一户因患白血病的案主问题比较严重，长期化疗使得家庭负债累累，案主及其家属的心理压力非常大，家庭成员的精神状态都很不好，因案主家属的抗拒和情绪使我们工作的介入不是很顺利。社工针对该案主问题，已经计划通过继续努力与案主建立良好的服务关系后再具体实施帮扶计划。江宁区及各个社区的负责人为我们的工作提供了大力支持。

目前存在的主要问题，一是在帮助案主或家属就业问题上社工可利用的渠道和资源尚不明确；二是案主在享受完所有的政策救济后仍然难以应对目前的经济困难的，大爱项目组能否就这样的案例进行研讨并提出方案（期待）；三是今后入户基本要靠社工自行解决交通问题，案主都住在远郊农村地区，交通问题是一大难题。

我的建议和意见，一是就业帮扶方面，项目组能够为社工提供可利用的资源或渠道；二是由项目组通过市民政局与各个社区进行协调，使社工今后工作的推进能够持续得到社区负责人的协助；三是能否为远郊服务的社工增加交通补贴。

——江宁区督导刘畅

我对玄武区帮扶对象的整体印象，一是指定的帮扶对象有残疾或心理抑郁，有的灵活就业，但目前有自理能力的有三个，重大疾病（尿毒症）有一人。需要就业的最好在社区解决，主要是家里还有老人、子女需要照料。二是帮扶家庭有个共性特征，就是家庭帮扶的重点可以放在子女助学方面。两个高三、两个中专、一个本科三年级，需要有企业公益资金注入或分别做学校的工作。

对于下一步的想法和建议，一是玄武区的基层民政工作人员比较配合，对于帮扶对象能够提供帮助的他们基本上都为他们想到并提供力所能及的帮助；二是项目需要加大宣传、扩大知晓度，这样才能有效引进企业为帮扶对象提供资金或就业方面的帮助；三是对帮扶家庭的帮助可以分层次，先从容易帮扶的地方做起，取得帮扶对象的进一步信任基础上再深入开展社会工作；四是目前已经灵活就业人员，想要进一步提升就业质量，首先最好在社区层面解决，因为后期经过培训后不一定能解决他们的就业问题。

——玄武区督导董淑芬

三 项目进展的不同阶段社工的反思发言

首先感谢参加项目的机会，我将把对服务对象的服务当作论文写作的素材。我觉得入户存在的问题主要有交通成本问题，安全问题等。同时，有的服务对象不知道怎么跟别人介绍我们，可能会存在他人的猜测和流言，我们需要考虑尽量不要给服务对象造成困扰。同时我们还要注意给予服务对象精神关注，使其助人自助。

——（河海大学）社工王霞在项目推进会上

（2014年10月31日）的发言

我入户的五户家庭存在不同程度的残疾情况。与街道、社区、项目组的沟通较好，感谢陈科长支持。我有三个主要发现，一是每位服务对象都有值得学习的地方，这是他们给予我们的积极影响；二是从专业角度来讲，需求评估做的不是很充分，需求应按迫切程度进行优先排序，我们还未了解社区能提供的资源，资源链接不到位；三是跟项目办反映，从第一次探访来看，从家庭层面来介入可能较好。

——（南京师范大学）社工韦国生在项目推进会上（2014 年 10 月 31 日）的发言

感谢社科院、大爱办给予机会。服务对象的精神较好，专业关系建立比较好；困难和不足：因为距离远，在一天内走完五户，时间不充分，家庭资料不全，有的成员不在家。建议：社工能否再增加，实现一位社工对接一到两个服务对象。工作计划：对服务对象进行分类帮扶，确保方案实施有成效，社工要加强自我增值，与服务对象也要加强联系等，可以进行慰问、看望等。与民政局、人社、工会等部门加强联系，一齐努力，共建和谐。

——（南京农业大学）社工蔡旭东在项目推进会上（2014 年 10 月 31 日）的发言

首先感谢董老师和项目办给我这次发言机会。在座有这么多优秀的社工，所以我在这里还是有点惶恐的。我主要讲两个方面：一是我的感受，二是我的思考。在 2014 年 9 月我在项目办公室协助董老师和大爱项目工作，同时我还是作为一线社工负责鼓楼区的帮扶。在这个过程中我发现帮扶很困难，每个家庭的情况都是不同的，我们入户了解情况后，为每个案主量身制订了方案，进行资源链接和后期的评估，整个过程还是比较规范的。但是也是存在问题的，秦淮区科长也提到我们现在的帮扶手段比较单一，其实不只是我们这个项目，其他项目也存在这样的问题，我们会继续改进。服务过程中服务对象也带给我很多感动，刚开始一个案主不接受我的服务，后来入户三次后他非常乐意接受我的服务。再谈一下社工学生流失很多的问题，我现在在南京瑞海博医院的下属机构锁金二村的康复机构做专职社工，我也希望学弟学妹们以后在这个行业继续发展。在这里祝我们的社工（发展得）更加美好！

——（南京师范大学）社工王倩在项目中期评估及转段会议上（2015年6月18日）作为优秀社工代表发言

尊敬的各位领导、老师以及社工同仁，大家下午好，我是此次大爱之行的社工代表，夏静。

距离初次接触大爱，已经有一年半的时间了。犹记得2014年4月左右和董老师开始接洽这个项目的时光，很温馨，我想这个词用来形容公益、形容大爱、形容社工是再合适不过的。那段时间里，我们准备着宣传、准备着材料、准备着各种各样的事情，忙碌又充实，到现在，它即将结束。于项目办而言，它的结束很大意义上是一种使命感的完成、一份责任心的落实；于受助群体而言，更是代表着这段旅程的收获和感动。

我在社工这个专业上学习了6年的时间，接触过大大小小不同的项目。每一个项目的展开和持续，需要的是一个团体的互助和协作，作为一个亲身参与大爱项目中的人，也确实从中感受到来自各方面的关心和帮助。

从开始到现在，我们做了很多很多，最初的项目申报、前期资料准备、办公自动化的设置、宣传稿的设计等，到第一次入户的正式开展，到中期资源链接会议以及评估会议的安排，再到后面的助学、就业工作的落实，令我们欣慰的是，忙碌和辛苦带来的是一波又一波的好消息。每一个阶段都有让大家振奋的成果，或许微不足道，但却承载了万分的专业和心意。这段旅程，从千家万户锁定到72户，从种类繁多的帮扶需求定位到五大类，包括大病、伤残、助学、就业和心理。支撑我们的最大信念，就是那颗希望我们的帮扶对象越来越好的社工心，暂且容许我这样命名吧。

现在回想起第一次和董老师以及另一名社工入户的情形，那天下着大雨，刮着大风，我们几乎湿淋淋地走进案主王阿姨的家里，在我们对她进行了一番介绍以及访谈之后，我看见的是她眼里的希望和感激，这份明显的情绪表现感染了我。接下来的日子，我也会不定期地对我服务的两位案主进行电话访问，及时跟进需求进度。更让我感动的是服务高淳、溧水等区域的社工同仁，远距离的奔波以及秉持专业性的工作态度，所有的付出都只有一个目的，希望案主越来越好。我一直认为的是，案主对于社工的依赖，会给社工带来一定的压力，但其实不尽然，这也是一种激励，一种从社工内里油然而生的助人自助情结。我想服务于社会各个领域的社工小伙伴，都是不怕吃苦、不怕劳累，希望将自己的汗水与泪水，转换成受助对象希望的源泉。

在大爱的这段经历，我用四句话总结一下就是：提升了专业知识、增进了专业认同感、分享了合作喜悦、收获了万分感动。

希望我们国家的公益项目和平台能够越来越多、越来越广，为的不仅是让社工有一个稳定的发展环境，更多的是让这些急需外界力量介入帮扶的群体能够得到哪怕是言语上的慰问和关心，能够在无语凝噎甚至无助绝望的时候，有一个能够理解并愿意倾听的对象，一个愿意陪伴的社工。

感谢所有参与大爱项目的同仁，感谢所有给予过帮助的群体和个人。

大爱，我们来日方长；社工，愿你渐行渐远。

——（河海大学）社工夏静在项目结项大会上
（2015 年 12 月 31 日）作为社工代表发言

四 项目社工给帮扶对象的寄语（精选）

(1) 当你正处于人生的低谷，
当你陷入两难，
不要悲伤，不要气馁，
想想还有自己，还有家人。
人生的路总是曲折的，你要一直走下去。
那些不能打败你的，必将使你更加强大。
不管昨夜是多么的泣不成声，早晨醒来城市依旧车水马龙。
要相信困难终究会过去，明天醒来，必将阳光明媚，春暖花开！

——（河海大学）社工相海兰

（2）愿春日明媚的阳光，能给您的生活增添一丝温暖，天天开心！你对生活笑，生活就对你笑，有我们的陪伴，愿你天天笑容满面！

——（河海大学）社工崔丹丹

（3）既然万物复苏，何必闭门不出，愿，每个人都能够打开心门，走出家门，畅享生命之旅！

——（南京师范大学）社工王倩

（4）浑浊世界，蒙了浑浊人的眼，清新世界，源于清新人的心！生命之路短暂，意义难琢难磨；乐观简单相伴，人生方可久远！

——（河海大学）社工王霞

（5）我相信人心本善，这个世界好人还是很多，但愿彼此的善举能够托起他们明天的希望！

——（南京农业大学）社工蔡旭东

（6）是来自社会的大爱让我们一起携手克服困难，我们没有放弃，也不会放弃，所以我们应保持乐观自信一起加油！

——（河海大学）社工田晚荣

（7）逆水行舟，也要努力。相信有明天，相信明天会更好！

——（河海大学）社工孙露露

（8）你我有大爱，人间传真情。让我们携手并进，拨开云雾，迎接阳光。

——（河海大学）社工金意倩

（9）相信社会仍有爱，所以我们一直在努力。

——（河海大学）社工尹亚运

（10）怀最好的希望，做最大的努力，阳光总在风雨后。

——（河海大学）社工许令名

（11）大爱之行，不虚此行，我们共同见证爱的力量。社工与您一起迎接挑战，扬起生活的风帆。

——（河海大学）社工陆肖肖

（12）世界上没有绝望的处境，只有对处境绝望的人。

——（河海大学）社工姜荟文

附　　录

附 1 -1　南京市贫困家庭生活状况及社工服务需求调查

问卷编号：____________

访问地点：____________区____________街道____________社区

访问对象所在户门牌号码__________访问对象电话号码__________

访问员姓名__________访问员编号__________访问时间__________

南京市贫困家庭生活状况及社工服务需求调查

一、个人及家庭基本情况

A1 您的性别：(　　　) ①男　　　　　②女

A2 您的年龄：________岁

A3 您的文化程度：(　　　)

①小学以下　　　②初中　　　③高中或中专　　　④大专及以上

A4 您的婚姻状况（　　　）

①未婚　　　②已婚有偶　　　③丧偶　　　④离异

A5 您的身体健康状况（　　　）

①身体健康（能正常生活和工作）

②体弱多病（能正常生活，勉强能工作）

③长期患病（勉强能正常生活，不能工作）

④患重大疾病（生活需护理，不能工作）

A6 您家有（包括您在内）________口人，请您说明一下家庭成员的状况。

	关系	年龄	文化程度	健康状况	工作（就学）状况	婚姻状况
第二人						
第三人						
第四人						
第五人						

如有补充：

____

A7 请访问员此时就以下几点委婉询问，并做记录。

①家庭贫困的主要原因______________________________

②困难程度______________________________________

③接受过哪些救助__________________________________

二、经济状况及生活状况

B1 您的工作情况（　　）

①没有工作（请继续 B2）　　　②有工作（跳答 B3）

B2 没有工作的理由（　　）

①年纪大了　　　②患病（包括精神方面）

③照顾（老、弱、病、残）家属　　　④找不到工作

⑤一直没有工作　　　⑥其他（请注明）______________

B3 工作内容是：______________每月收入__________元

B4 其他家庭成员是否有工作？（　　）　①有　②没有

如果回答①（参见 A6）

第二人　工作内容：______________每月收入__________元

第三人　工作内容：______________每月收入__________元

B5 您一家经济来源有哪些？（　　）其中主要经济来源是（最先回答的一项）（　　）

①工资收入　　②下岗津贴　　③社会救济金（低保等）

④退休金　　⑤亲人资助　　⑥社区救济

⑦其他（请注明）______________________________

B6 请问您家里有没有欠款或债务？（　　）　①有　②没有

如果回答①，请问欠款或债务是__________元

B7 请问您家是否申请了低保救助？（　　）　①是　②不是

B8 您家里主要的经济负担是（可选最先回答的两项）（　　）

①生活费用（包括食物、衣物、水电煤气等消耗）　②医药费

③教育开销　④还债　⑤其他（请注明）__________

B9 一般情况下，你们家每月总花费大约是多少？__________元

B10 对您一家而言，您觉得目前最大的困难是什么？（可选最先回答的两项）（　　）

①吃饭都成问题　②家庭主要成员没有工作

③孩子上学的学费没有着落　④无法支付医疗费用

⑤家中有人重病、残疾　⑥其他（请注明）__________

B11 家里遇到经济困难时，会向谁求助（可多选，请按回答顺序填写）（　　）

①亲属（父母兄弟子女等）　②其他亲戚　③朋友　④邻居

⑤居委会干部　⑥政府部门　⑦其他（请注明）__________

B12 您目前最需要在哪方面获得帮助（可多选）（　　）

①物资资助（包括金钱）　②救济/照顾（医疗、助学等救助）

③就业支持　④生活照料　⑤其他（请注明）__________

B13 如果有人或社会组织虽不能为您提供直接的物质帮助，但是可以帮助您想办法改善贫困现状，您愿意接受并配合吗？（　　）

①愿意　②不愿意

三、关于以下问题，请选择描述符合情况的那一项

C1 您认为您现在的生活状况（　　）

①很艰难　②勉强维持　③还可以　④比较满意

C2 您对今后的生活担忧的程度是（　　）

①非常担忧　②有些担忧　③不怎么担忧　④不担忧

C3 对于依靠自己的力量脱离贫困，您认为（　　）

①根本不可能　②很难　③有可能　④努力的话能做到

C4 您对今后生活的期待程度是（　　）

①根本不期待　②没有期待　③有一些期待　④非常期待

C5 您目前（　　）

①热切期望获得帮助　②需要帮助　③能获得帮助就更好了

④不需要帮助（　　）

C6 您认为目前面临的困难

①无法解决　②很难解决　③可以通过获得帮助解决

④能独立解决

C7 您在有经济困难的时候会向亲戚、朋友或熟人求助吗？（　　）

①绝对不会　②几乎不会　③有时候会　④经常会

C8 您有经济困难的时候会向社区（居委会）、民政部门、政府部门等反映情况并寻求帮助吗？（　　）

①从来没有　②有过一次　③有过几次　④经常会

C9 您与本社区（或村落）里的居民（邻里）（　　）

①从不来往　②偶尔有来往　③有需要时来往　④经常来往

C10 您平时与社区居委会（或村委会）干部接触多吗？（　　）

①几乎不接触　②很少接触　③一般　④经常会

C11 您了解社会工作帮扶贫困吗？（　　）

①没听说过　②听说过，不了解　③了解一点　④很了解

C12 您了解社会组织帮扶贫困吗？（　　）

①没听说过　②听说过，不了解　③了解一点　④很了解

四、关于以下问题，请选择符合现在状况描述所对应的数字

填答示例：您对现在的生活感觉很满意———1—2—3—4—5

1	2	3	4	5
完全不符合	不符合	有一点符合	符合	完全符合

D1 您对现在的生活感觉很满意————1—2—3—4—5

D2 您经常感觉到孤独和寂寞————1—2—3—4—5

D3 您认为无论生活多么艰难都应该乐观———1—2—3—4—5

D4 您觉得活一天算一天，其他的事不用关心—1—2—3—4—5

D5 您认为生活太艰难了没有指望————1—2—3—4—5

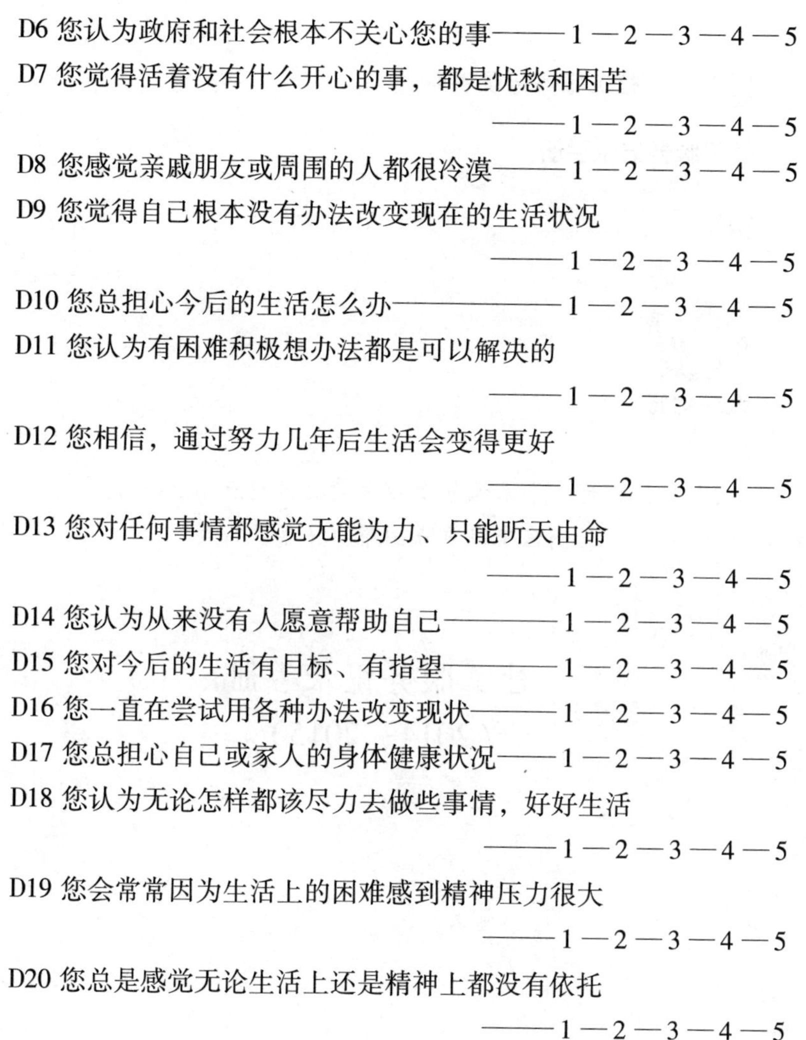

D6 您认为政府和社会根本不关心您的事——1—2—3—4—5

D7 您觉得活着没有什么开心的事，都是忧愁和困苦

——1—2—3—4—5

D8 您感觉亲戚朋友或周围的人都很冷漠——1—2—3—4—5

D9 您觉得自己根本没有办法改变现在的生活状况

——1—2—3—4—5

D10 您总担心今后的生活怎么办——1—2—3—4—5

D11 您认为有困难积极想办法都是可以解决的

——1—2—3—4—5

D12 您相信，通过努力几年后生活会变得更好

——1—2—3—4—5

D13 您对任何事情都感觉无能为力、只能听天由命

——1—2—3—4—5

D14 您认为从来没有人愿意帮助自己——1—2—3—4—5

D15 您对今后的生活有目标、有指望——1—2—3—4—5

D16 您一直在尝试用各种办法改变现状——1—2—3—4—5

D17 您总担心自己或家人的身体健康状况——1—2—3—4—5

D18 您认为无论怎样都该尽力去做些事情，好好生活

——1—2—3—4—5

D19 您会常常因为生活上的困难感到精神压力很大

——1—2—3—4—5

D20 您总是感觉无论生活上还是精神上都没有依托

——1—2—3—4—5

请仔细检查问卷是否有疏漏，确认回答完备后认真保管好问卷

附 3－1　社工服务记录手册

社工服务记录手册

编号：__________

民政部·李嘉诚基金会大爱之行重点示范项目

南京市级重点困难群体帮扶行动

社工服务记录手册

(2014—2015)

姓名：__________

南京市社会学学会

2014 年 8 月

说　明

1. 社工服务记录手册是项目开展标准化运行的基础，手册仅限项目内部人员使用，未经同意不得随意传播和借阅。

2. 社工服务记录手册的内容严格按照分类标准准确填写。

3. 社工服务记录手册应用钢笔、签字笔书写，字迹清晰，书面整洁。

4. 社工服务记录手册每人一本，需本人填写，无特殊情况不得代填。

5. 社工服务记录手册应由专人保管，定期审核，存档备案。

服务对象基本信息

1. 姓名：__________

2. 性别：__________　年龄：__________　民族：__________

3. 所属：__________区__________街道__________社区

4. 婚姻状况：__________（未婚/已婚/丧偶/离异）

5. 文化程度：__________（小学以下/初中/高中或中专/大专以上）

6. 健康状况：__________（身体健康/体弱多病/长期患病/重大疾病）

7. 家庭人口（包括案主本人）__________人，其他家庭成员状况

序号	关系	年龄	文化程度	健康状况	工作（就学）状况	婚姻状况
1						
2						
3						
4						
5						

8. 接受过什么救助：____________________________________

____

从什么时候开始接受：____________________________________

9. 案主对于改善贫困现状的态度如何：__________________

____

10. 案主对于帮扶工作提出怎样的要求：__________________

____

11. 案主对社工介入的态度：__________（抵触/怀疑/尝试接纳/欢迎）

入户时间（______年____月____日____：____—____：____）

<table>
<tr><td colspan="2">服务计划
这次服务的内容和目标</td><td></td></tr>
<tr><td colspan="2">案主反应
服务的整个过程对案主变化的记录</td><td></td></tr>
<tr><td colspan="2">服务心得
总结此次服务的一些收获和不足，以及下一次服务的计划和改进措施</td><td></td></tr>
<tr><td rowspan="2">评估</td><td>有效的工作方法</td><td></td></tr>
<tr><td>失败的工作方法</td><td></td></tr>
</table>

空白页作为社工记录有关服务的感受、心得或补充档案信息用。

附 3－2　社工服务工作报告

__________区　案主姓名：__________

民政部·李嘉诚“大爱之行”重点示范项目

南京市级重点困难群体帮扶行动

社工服务工作报告

（2014—2015）

社工姓名：____________

南京市社会学学会

2014 年 8 月

入户时间（________年____月____日____：____—____：____）

<table>
<tr><td colspan="2">服务目的、内容及过程</td><td>目的：

内容：

过程：</td></tr>
<tr><td colspan="2">案主反应与变化（态度、认识、技能、行为、地位等）</td><td></td></tr>
<tr><td rowspan="2">总结与反思</td><td>成效</td><td></td></tr>
<tr><td>不足</td><td></td></tr>
</table>

<table>
<tr><td>持续改进计划</td><td colspan="2"></td></tr>
<tr><td colspan="2">约定下一次服务时间：</td><td>约定下一次服务内容：</td></tr>
<tr><td>督导评价与建议</td><td colspan="2">签名：
年　　月　　日</td></tr>
</table>

附 3－3　项目评估及奖励办法

“民政部·李嘉诚大爱之行‘南京市级重点困难群体帮扶行动’”项目评估及奖励办法

一、评估目的

为更好地推进“民政部·李嘉诚大爱之行‘南京市级重点困难群体帮扶行动’”项目的顺利实施，确保项目有效推进，增强项目的实效性、示范性、可推广性，特制定本办法。

二、评估方式

（一）对每位社工实际工作情况进行综合考评；

（二）评估采取记分加总方法；

（三）成立具有代表性与公信度的考评组实施考评；

（四）分 2015 年 1 月、5 月两次评估，对成绩突出的优秀社工及团队给予奖励。

三、具体办法

（一）积极参加项目办组织的各种活动与会议（10 分）。

方法：查阅参加活动与会议的记录

（二）社工服务工作报告提交及时，内容完整、规范，影音等各类形式的信息全面、丰富（10 分）。

方法：审阅《社工服务工作报告》、材料收集情况

（三）对案主需求评估专业、客观、全面、准确（20 分）。

方法：审阅《案主需求评估与介入方案报告》

（四）介入方案专业、细致，充分调动各方面资源，具有创新性、可操作性、示范性（20 分）。

方法：审阅《案主需求评估与介入方案报告》

（五）积极与督导沟通联系，配合完成各项任务（10 分）

方法：由督导对每位社工进行评分

（六）入户取得工作实效（30 分）。

方法：重点对案主进行入户满意度调查（中期评估采取抽查方式）；

区民政局科长满意度调查；项目实施有成效，案主境况改善（考评组综合考评）；重点帮扶案例代表性、示范性强，效果明显（考评组综合考评）。

（七）附加分

1. 入户次数。在每月至少完成一次入户基础上，主城区平均每多入户一次加3分（“平均”是指入户总次数除以户数，下同），郊区平均每多入户一次加5分。

2. 形成千字以上《社会工作介入贫困家庭服务方式探索》提交项目办公室（3分）。

3. 对贫困家庭帮扶办法有发现并形成千字以上具有创新性的《贫困家庭帮扶政策建议》报项目办公室（3分）。

四、奖励

（一）评出大爱之行项目优秀社工8名，每人奖励800元。

（二）颁发获奖证书。以项目办名义，以嘉奖喜报形式分别报送所在校院系、研究生部、学生工作处。

本办法自2014年9月起执行，解释权归大爱之行项目办公室。

附 3－4　优秀督导评选办法

“民政部·李嘉诚大爱之行‘南京市级重点困难群体帮扶行动’”项目优秀督导评选办法

为评选出对民政部·李嘉诚大爱之行重点示范项目——“南京市级重点困难群体帮扶行动”项目做出突出贡献的督导老师，现制定以下三个方面的评选原则：

1. 认真指导项目社工，做好社工入户阶段的督导工作；
2. 努力链接社会资源，较好地完成资源链接阶段的主要任务；
3. 注重团队沟通协作，积极参与服务标准制定和项目结项工作等。

注：请从 12 名督导中评选出 6 人，并在相应格次内打“√”。

督导姓名	当选优秀督导
花菊香	
任正臣	
崔效辉	
宋巨盛	
顾金土	
许　芸	
刘　畅	
匡　强	
朱考金	
李义波	
任克强	
董淑芬	

附3－5　案主需求评估与介入方案报告

案主需求评估与介入方案报告

案主姓名：　　　　　　所在区：　　　　　　专业社工姓名：

（每个案主一份）

<table>
<tr><td>案主的需求评估</td><td>案主主要诉求：

社工对诉求的评价：

需求类型：□重大病（医疗帮扶）　□就业及技能提升　□助学
□心理疏导　□生活照料　□低保等福利申请　□其他（请注明）</td></tr>
<tr><td>可能的解决方案</td><td>请逐条列出：</td></tr>
<tr><td>现有的资源梳理</td><td>社区：
案主本人：
社工个人：
督导：
项目组：
社会层面：</td></tr>
<tr><td rowspan="2">可能取得的服务成效</td><td>短期目标：</td></tr>
<tr><td>中长期目标：</td></tr>
<tr><td>需要项目组为你提供哪些帮助</td><td></td></tr>
</table>

附 3－6　典型个案的分析模板

个案档案

（编号：　　　　）

社工姓名：

一、案主基本资料

1. 地址：（区、街道、社区）＿＿＿＿＿＿＿＿＿＿＿＿＿＿＿＿

2. 家庭结构：（家庭人口数；案主 a 年龄、性别；其他家庭成员以案主的关系者列出，如 b. 妻子 56 岁，c. 儿子 28 岁等）

3. 家庭成员（全部）社工介入前存在的问题：

（1）

（2）

（3）

（4）

二、需求分析（按介入过程的不同阶段进行分析。需求分析既要涉及家庭成员每个人，也要重点涉及家庭整体需要，不少于 800 字）

（1）

（2）

（3）

（4）

三、介入过程（方法、涉及社工原理、具体操作，不少于 1000 字。例如：1. 针对×××问题，采用了×××介入方法，方法依据×××社工理论。具体如何实施的，详细阐明）

（1）

（2）

（3）

（4）

四、介入评估（案主状态改善情况、案主对社工介入的满意度、调动与使用社会资源情况、社工能力提升情况，不少于1000字）

（1）

（2）

（3）

（4）

五、对项目组后续跟进的建议与存在问题的反思（不少于500字）

1. 对项目组后续跟进的建议

（1）

（2）

（3）

（4）

2. 反思

（1）

（2）

（3）

（4）

附 5－1　《服务协议》

服务协议

1. 我们工作的目的是改善您和您家人目前的生活状况，在服务期间（2015 年 12 月为止），通过社会工作人员的介入为您及家庭提供可能的帮扶服务。

2. 我们不提供直接的物质帮助。我们服务的内容包括协调相关社会资源、提供就业支持、进行关系协调和心理疏导等，为您及家庭改善生活状况提供帮助。

3. 我们的工作是非政府部门行为。在服务期间，不接受超过我们服务范围以外的诉求。

4. 在服务关系中我们是相应条件的提供者，“助人自助”是我们服务的宗旨。

5. 需要您及家人接受我们的服务、同意在约定的时间与我们接触和沟通，更需要您及家人的积极配合和努力。

如果您同意以上条款并愿意配合我们的工作，从即日起双方确立服务关系，本协议签字后生效！

提供服务方盖章　　　　　　　　接受服务方签字：

年　　月　　日　　　　　　　　年　　月　　日

附 5－2　《社工服务终止协议》

社工服务终止协议

感谢您成为我们项目的帮扶对象，也感谢您对我们的工作给予了积极的配合。

鉴于我们对您及家庭实施的帮扶目标已经基本实现，或者是已经最大限度地发挥了我们社会工作者的专业力量，请允许我们从即日起终止服务。如果您同意，请签字确认，谢谢！

案主签字：＿＿＿＿＿＿

如果方便，请您回答如下问题：

	不满意	一般	满意	非常满意
1. 您对社工服务态度的满意程度？	—1	2	3	4
2. 您对社工工作方法的满意程度？	— 1	2	3	4
3. 您对我们整个服务过程的满意程度？	1	2	3	4
4. 您对自身状况改善的满意程度？	— 1	2	3	4

	变坏了	没变化	变好了	非常好
5. 社工介入后，社区干部对您的态度有何变化？	—1	2	3	4
6. 社工介入后，您的经济状况与以前相比有何变化？	—1	2	3	4
7. 社工介入后，您的精神状况与以前相比有何变化？	—1	2	3	4
8. 社工介入后，您是否更加积极地寻求外界的帮助？	—1	2	3	4

参考文献

一 著作类

陈成文：《社会弱者论》，时事出版社 2000 年版。

程冠军主编：《精准脱贫中国方案》，中央编译出版社 2017 年版。

崔华泰编著：《中国特色减贫之路 打好精准脱贫攻坚战》，中原农民出版社、红旗出版社 2019 年版。

费孝通：《乡土中国》，江苏文艺出版社 2007 年版。

关信平：《中国城市贫困问题研究》，湖南人民出版社 1999 年版。

黄家瑶：《社会工作实务案例》，立信会计出版社 2012 年版。

李迎生：《社会工作概论》，中国人民大学出版社 2004 年版。

鲁可荣、杨亮承等：《精准扶贫与乡村再造：基于云南禄劝实践的反思》，社会科学文献出版社 2017 年版。

陆汉文、黄承伟：《中国精准扶贫发展报告（2018）：稳定脱贫的深层挑战与有效途径》，社会科学文献出版社 2018 年版。

[美] 乔治·斯蒂纳、约翰·斯蒂纳：《企业、政府与社会》，张志强译，华夏出版社 2002 年版。

王思斌：《社会工作概论》，高等教育出版社 2006 年版。

王思斌：《社会工作之真善美》，北京大学出版社 2018 年版。

武汉大学、中国国际扶贫中心：《中国反贫困发展报告（2016）——社会组织参与扶贫专题》，华中科技大学出版社 2016 年版。

杨道田：《新时期我国精准扶贫机制创新路径》，经济管理出版社 2017 年版。

[英] Barbra Teater：《社会工作理论与方法》，余潇、刘艳霞、黄玺、吴腾译，华东理工大学出版社 2013 年版。

张述元、张维祥等：《人的全面发展在中国》，时事出版社 2009 年版。
郑杭生：《中国社会发展研究报告 2002：弱势群体与社会支持》，中国人民大学出版社 2003 年版。
郑希付：《健康心理学》，华东师范大学出版社 2003 年版。
中华人民共和国国家统计局编：《2019 中国统计年鉴》，中国统计出版社 2019 年版。
周庆刚、董淑芬等：《弱势群体社会支持网络与社会和谐》，东南大学出版社 2007 年版。
Massey, D. S., Denton, N. A., *American Apartheid: Segregation and the Making of the Underclass*, Cambridge: Harvard University Press, 1993.

二 论文类

陈辉、陈讯：《精准扶贫实践中的政策执行偏差及其调适》，《中共福建省委党校学报》2018 年第 9 期。
陈昕：《反贫困理论与政策研究综述》，《价值工程》2010 年第 28 期。
陈志钢：《中国扶贫现状与演进以及 2020 年后的扶贫愿景和战略重点》，《中国农村经济》2019 年第 1 期。
邓维杰：《精准扶贫的难点、对策与路径选择》，《农村经济》2014 年第 6 期。
董濮：《探索“项目化运作、社会化认捐”工会扶贫解困新模式　打造资源整合社会主导的困难职工保障体系》，《工会信息》2011 年第 1 期。
杜永红：《大数据背景下精准扶贫绩效评估研究》，《求实》2018 年第 3 期。
方黎明、张秀兰：《中国农村扶贫的政策效应分析——基于能力贫困理论的考察》，《财经研究》2007 年第 12 期。
冯榭雨：《“互联网 + 精准扶贫”模式创新研究》，《合作经济与科技》2020 年第 6 期。
葛志军、邢成举：《精准扶贫：内涵、实践困境及其原因阐释》，《贵州社会科学》2015 年第 5 期。
关冰芳：《精准扶贫中社会保障制度的合理利用》，《河北企业》2020 年第 6 期。
关信平：《社会工作介入社会救助的必要性、任务及体制机制》，《中国社会工作》2010 年第 8 期。
韩芳、陈洪磊：《北京城市贫困家庭生活状况及社会支持网络研究》，《社会保障研究》2009 年第 1 期。
何植民、陈齐铭：《精准扶贫的“碎片化”及其整合：整体性治理的视角》，《中国行政管理》2017 年第 10 期。
贺寨平、李汉宗：《城市贫困人口的社会支持网研究——以天津为例》，《天津师范大学学报》（社会科学版）2009 年第 5 期。
贺寨平：《社会支持网络对城市贫困人口身心状况的影响》，《心理科学》2011 年第 5 期。
洪小良、尹志刚：《北京城市贫困家庭的社会支持网》，《北京社会科学》2006 年第 2 期。
侯学英：《当前我国城市贫困问题研究的评述与展望》，《现代城市研究》2014 年第 3 期。
黄承伟：《充分认识习近平总书记关于精准扶贫精准脱贫基本方略的重大意义》，《党建》2020 年第 6 期。
蒋涛：《社会支持网理论综述》，《经济师》2012 年第 1 期。
蒋正明、冯继康：《论弱势群体社会扶持中的政府职能》，《山东经济战略研究》2005 年第 1 期。
雷明：《论习近平扶贫攻坚战略思想》，《南京农业大学学报》（社会科学版）2018 年第 1 期。
雷望红：《论精准扶贫政策的不精准执行》，《西北农林科技大学学报》（社会科学版）2017 年第 1 期。
李刚、周加来：《中国的城市贫困与治理——基于能力与权力视角的分析》，《城市问题》2009 年第 11 期。
李红波：《当前社会工作介入我国反贫困的必要性分析》，《贵州社会科学》2011 年第 12 期。
李敏：《城市贫困的政策回应：实践与反思》，《学术交流》2008 年第 3 期。
李学军：《试论弱势群体社会支持网络的建构》，《理论与改革》2004 年第 6 期。

梁汉媚、方创琳：《中国城市贫困的基本特点与脱贫模式探讨》，《人文地理》2011 年第 6 期。

刘解龙、陈湘海：《精准扶贫的几个基本问题分析》，《长沙理工大学学报》（社会科学版）2015 年第 6 期。

罗竖元：《专业社会工作介入贫困救助领域实践中的制约因素研究——以深圳、长沙、贵阳的社会工作试点地区为例》，《广西社会科学》2010 年第 2 期。

马比双、张恒、于旭：《贫困问题研究综述》，《经济研究导刊》2013 年第 10 期。

马金龙、马建福：《打赢脱贫攻坚战视角下社会组织发展研究》，《内蒙古农业大学学报》（社会科学版）2020 年第 6 期。

马文利：《国内外贫困研究热点及前沿动态分析——基于 CiteSpace 的文献计量》，《新疆财经大学学报》2020 年第 6 期。

孟令君：《发挥民间组织在救助社会弱势群体中的作用》，《社会福利》2002 年第 8 期。

孟志华、李晓冬：《精准扶贫绩效的第三方评估：理论溯源、作用机理与优化路径》，《当代经济管理》2017 年第 11 期。

莫光辉、张玉雪：《大数据背景下的精准扶贫模式创新路径——精准扶贫绩效提升机制系列研究之十》，《理论与改革》2017 年第 1 期。

莫元圆：《我国精准扶贫所面临挑战及对策研究》，《市场研究》2016 年第 1 期。

任超、袁明宝：《分类治理：精准扶贫政策的实践困境与重点方向——以湖北秭归县为例》，《北京社会科学》2017 年第 1 期。

檀学文、李静：《习近平精准扶贫思想的实践深化研究》，《中国农村经济》2017 年第 9 期。

汪三贵、曾小溪：《从区域扶贫开发到精准扶贫——改革开放 40 年中国扶贫政策的演进及脱贫攻坚的难点和对策》，《农业经济问题》2018 年第 8 期。

王华丽、孔银焕、朱奎安：《精准扶贫文献综述及其引申》，《重庆社会科学》2017 年第 3 期。

王松磊、吕鸿强：《脱贫攻坚中的政治势能与政策执行——基于扶贫政策文本与地方政府行为的分析》，《中共福建省委党校学报》2020 年第 6 期。

王雨磊：《精准扶贫何以“瞄不准”?》，《国家行政学院学报》2017 年第 1 期。

魏后凯、邬晓霞：《中国反贫困政策：评价与展望》，《上海行政学院学报》2009 年第 3 期。

新华社：《我国社会组织成脱贫攻坚重要力量》，《中国社会工作》2019 年第 6 期。

许汉泽、李小云：《精准扶贫背景下农村产业扶贫的实践困境——对华北李村产业扶贫项目的考察》，《西北农林科技大学学报》（社会科学版）2017 年第 1 期。

杨玺泽：《浅议社会工作中易出现的伦理冲突》，《山西财经大学学报》2012 年第 12 期。

姚霞：《反贫困与社会工作的介入》，《社会工作》2009 年第 14 期。

殷浩栋、汪三贵、郭子豪：《精准扶贫与基层治理理性——对于 A 省 D 县扶贫项目库建设的解构》，《社会学研究》2017 年第 11 期。

余栋、李雷阳：《精准扶贫的现状、问题与路径选择》，《经济与社会》2016 年第 11 期。

张蓓：《以扶志、扶智推进精准扶贫的内生动力与实践路径》，《改革》2017 年第 12 期。

张彬斌：《新时期政策扶贫：目标选择和农民增收》，《经济学》2013 年第 3 期。

张伟宾、汪三贵：《扶贫政策、收入分配与中国农村减贫》，《中国农村经济》2013 年第 2 期。

张友琴：《社会支持与社会支持网——弱势群体社会支持的工作模式初探》，《厦门大学学报》（哲学社会科学版）2002 年第 3 期。

赵明思：《大陆社会工作介入城市低保群体文献综述》，《社会福利理论版》2012 年第 8 期。

中央党校经济学部精准扶贫课题组：《创新精准扶贫体制机制》，《理论视野》2016 年第 6 期。

周湘斌、常英：《社会支持网络在社会工作实践中的应用性探讨》，《中国农业大学学报》（社会科学版）2005 年第 2 期。

朱傲雪：《社会工作介入城市社区贫困家庭服务中的可行性和必要性探究》，《湖北经济学院学报》（社会科学版）2014 年第 9 期。

朱德云：《我国贫困群体社会救助研究》，《当代经济研究》2011 年第 8 期。

朱梦冰、李实：《精准扶贫重在精准识别贫困人口——农村低保政策的瞄准效果分析》，《中国社会科学》2017 年第 9 期。

左停、杨雨鑫、钟玲：《精准扶贫：技术靶向、理论解析和现实挑战》，《贵州社会科学》2015 年第 8 期。

左停、赵梦媛、金菁：《路径、机理与创新：社会保障促进精准扶贫的政策分析》，《华中农业大学学报》（社会科学版）2018 年第 1 期。

三 学位论文类

毕研慧：《精准扶贫视角下社会组织参与农村贫困治理研究——基于山西省 G 县的调查》，硕士学位论文，陕西师范大学，2019 年。

杜建勇：《精准扶贫中多元利益诉求及包容性治理研究》，博士学位论文，华中师范大学，2018 年。

耿敏：《政策何以失灵？——以社会工作参与基层精准扶贫的政策为例》，硕士学位论文，南京理工大学，2019 年。

胡瑛琦：《社会工作介入农村贫困家庭脱贫能力提升研究——以安徽省 S 县为例》，硕士学位论文，大连海事大学，2019 年。

欧阳长轩：《城市贫困家庭社会支持系统的介入研究——基于对一个家庭的个案工作实务》，硕士学位论文，华中科技大学，2013 年。

潘帅：《新常态下我国精准扶贫工作机制研究》，硕士学位论文，河北师范大学，2016 年。

孙璐：《扶贫项目绩效评估研究——基于精准扶贫的视角》，博士学位论文，中国农业大学，2015 年。

王倩：《城市贫困家庭社会支持网络的社会工作介入研究——以南京市 X 项目为例》，硕士学位论文，南京师范大学，2015 年。

于德：《习近平精准扶贫思想研究》，博士学位论文，中共中央党校，

2019年。

四 报纸网站类

《第73届联合国大会通过关于消除农村贫困的决议》，2018年12月21日，人民网－国际频道，http：//world. people. com. cn/nl/2018/1221/C1002－30479817. html.

《习近平在决战决胜脱贫攻坚座谈会上的讲话》（2020年3月6日），《人民日报》2020年3月7日第2版。

《中共中央 国务院关于打赢脱贫攻坚战三年行动的指导意见》（2018年6月15日），新华社北京2018年8月19日电。

后　记

——大爱之行，我们一直在路上

直到现在，许益军所长（时任南京市社会科学院社会发展研究所所长）、我和夏静（项目社工，河海大学社会工作硕士）申报大爱之行项目时线上答辩（2014 年 5 月）的紧张情形依然历历在目。许益军所长、研究员是大爱之行项目的负责人，也是项目办主任，2015 年初升迁至江苏省委宣传部工作，但是一直牵挂并关注着项目的开展，把项目开展精准扶贫的过程整理成书也一直是他的一大愿望。许益军所长离开南京市社会科学院后，项目办由我和河海大学公共管理学院刘畅老师全面负责项目的主要推进工作，我偏重项目的整体运作管理，负责向民政部汇报交流，刘畅老师偏重跟社工团队的沟通交流，两人合作得非常顺畅，也非常愉快。在写作本书时，刘畅老师已经辞去河海大学公共管理学院教师工作去日本生活工作，相信她看到此书一定会非常高兴。项目办社工前期夏静、王倩，后期张梦佳、尹亚运，做了大量的文字归档、通知联络、宣传报道等方面的工作，付出了很多辛劳。当时这样一个市级大规模项目还是给我们带来了很大的工作和心理压力，担心社工服务的过程中出什么意外，担心帮扶对象的意外变化，担心项目的服务成效不被认可等等，但是在民政部督导陈蓓丽老师的指导下，在南京市民政局和南京市社会科学院领导的支持下，在项目团队的合作努力下，在富有社工实务经验的项目督导崔效辉老师、宋巨盛老师等的疏导与鼓励下，项目坚持下来并圆满完成了预期规划的目标。

本书的整体框架制定及文字写作由本人执笔完成，但是本书中的主要社会工作实务操作内容是项目团队精准扶贫行动研究的集体智慧结晶。书中典型个案仿宋字体部分绝大部分是项目社工在参与项目的过程中进行的反思总结，个别案例因后期资源链接成功而进行了资料补充。参与本次项目的督导老师有（排名不分先后）：花菊香、任正臣、崔效辉、宋巨盛、顾金土、许芸、董淑芬、刘畅、朱考金、李义波、任克强、匡强；参与本次项目的社工有（排名不分先后）：夏静、王倩、姜荟文、尹亚运、施茂源、郭文娟、王霞、陆肖肖、孙露露、田晚荣、相海兰、肖会、赵萍、殷乐、崔丹丹、韦国生、吴曼曼、钟杏燕、胡晨晨、李敏、白娟、金意倩、孙娇、杨婧娴、刘浩、蔡旭东、张昕宜、许令名、张梦佳。大爱之行项目执行的那段时期，我们工作起来像打了鸡血一般，时刻提醒自己不忘初心，时不时被QQ群里社工的行动所感动，时不时为前线传来的好消息而开心，回想起来觉得虽然辛苦但又值得。通过偶尔的电话、翻阅档案或是QQ聊天，我感受到了大家对帮扶对象的关爱、感受到了大家对项目的用心付出！我相信，无论我们今后走到哪里，大爱之行项目是我们的共同经历，有了大爱之行项目的磨炼，我们会更加理解社会的现实，懂得珍惜当下的生活。最后，再次感谢项目团队对大爱之行项目的辛苦付出！

大爱之行项目就像她的名字一样，是一个具有包容之心、汇聚社会力量的项目。这些困难的家庭大多是因自身建设能力不足等原因处于贫困状态，但是他们并不是被社会抛弃的群体，政府机关、企业及社会爱心人士、高校医院等志愿者、社区邻里等，大家都希望可以尽力所能及之力去帮助需要帮助的人们。项目办、项目督导、项目社工等在这个项目中都付出了很多的时间、精力、心力和体力。为我们这些抱着大爱之心、做着大爱之行的人们点赞！

本书现有的研究建立在项目行动研究基础上，是借助专业社工和督导的力量，通过整合体制内与体制外资源共同参与，进行城市“精准扶贫”的一次创新尝试。项目实施的专业性、项目实务经验总结的准确性等方面仍存在许多不足之处，还请各位专家同人多多批评指正。项目的服务模式、管理经验、服务指南、项目链接资源的方向甚至项目实施中存在的若干问题，如果能够为将来从事精准扶贫的机构或项目开展精准扶贫提供一定的经验借鉴或者能够少走弯路，则正是本书作者所希望看到并觉得欣慰的地方。

董淑芬

2020 年 10 月于南京市赤壁路 16 号